これってホント!?
誤解だらけの沖縄基地

沖縄タイムス社編集局 編著

高文研

沖縄本島の軍事基地

N
北部訓練場
国頭村
奥間レストセンター
伊江島補縄飛行場
大宜味村
今帰仁村
本部町
東村
八重岳通信所
名護市
キャンプ・シュワブ
辺野古弾薬庫
キャンプ・ハンセン
■恩納分屯地（空自）
■白川分屯地（陸自）
宜野座村
嘉手納弾薬庫地区
恩納村
金武町
金武ブルー・ビーチ訓練場
金武レッド・ビーチ訓練場
天願桟橋
陸軍貯油施設
キャンプ・コートニー
キャンプ・マクトリアス
トリイ通信施設
読谷村
キャンプ・シールズ
うるま市
嘉手納飛行場
浮原島訓練場
陸軍貯油施設
嘉手納町
沖縄市
■沖縄基地隊（海自）
キャンプ桑江
北谷町
ホワイト・ビーチ地区
■勝連分屯地（陸自）
泡瀬通信施設
キャンプ瑞慶覧
北中城村
津堅島訓練場
普天間飛行場
牧港補給地区
宜野湾市
中城村
浦添市
西原町
那覇港湾施設
■那覇航空基地（海自）
那覇市
与那原町
■知念分屯地（空自）
南風原町
■知念分屯地（陸自）
■那覇駐屯地（陸自）
豊見城市
南城市
■那覇高射教育訓練場（空自）
八重瀬町
■与座分屯地（陸自）
■那覇基地（空自）
■南与座分屯地（陸自）
糸満市
■那覇病院
■与座岳分屯基地（空自）
■島尻分駐所
■は自衛隊基地

◆——はじめに

「沖縄に米軍基地があるのは仕方がない」は間違いだ！

沖縄タイムス社編集局・編集局長　石川　達也

沖縄に、あまりにも多くの米軍基地が集中している——。

たったそれだけである。たったそれだけのことを戦後72年たっても解決できない。それこそが沖縄問題の本質である。

足を運び、見聞きすれば、小さな島に広大な米軍基地が存在していることを理解できるはずだ。これまでも多くの人が、「これは大変」「何とかならないのか」と共感したに違いない。しかし、沖縄の米軍基地の面積や機能が大幅に縮小することはなかった。

なぜか。「とはいえ、基地のおかげで経済が成り立っているでしょ」「でもね、中国の脅威とは切り離せないよ」と、問題がすり替えられているからではないか。

内閣府の国民世論調査で日米安全保障条約が「役立っている」と答えた割合は82・9％に上る。

その根幹は、米軍が日本を防衛し、日本が米軍に基地を提供することであるはずだが、安全保障の恩恵を受けながら、その一方で多くの国民は米軍基地の負担が沖縄に集中している現状から目を背けている。それは「とはいえ」「でもね」と理由を付けることで、「沖縄に基地があるのは仕方がない」という〝雰囲気〟を作り、自分たちの罪悪感を和らげ、責任から逃れようとしていると思えてならない。

ここまで言うと、「なんだかややこしい」と距離を置かれそうである。本土と沖縄が分断されるのは、我々の本意ではない。それでも、沖縄のことを知ってほしい。そんなジレンマに陥り、悩みを抱えながら始めたのが、沖縄タイムスの連載「誤解だらけの沖縄基地」である。2016年1月から8月まで続いた。

「とはいえ」「でもね」が醸《かも》し出す〝雰囲気〟が、「誤解」や「デマ」を根拠にしている場合が多いと感じていた。その芽を摘み取らなければ、人から人へと渡り歩き、あたかも「真実」のように振る舞い、沖縄問題の本質をぼかし、解決を妨げるという危機感が募っていた。

連載ではできる限り、感情論や、見解の相違ではなく、インターネットに散見するような事実誤認や意図的なデマなどを取り上げ、具体的なデータや歴史的な出来事、研究者のコメントなどを引用して、反証するよう心がけた。

沖縄の読者にとってはこれまで何度も読んだり、聞いたりした当たり前のことばかりだ。他の新聞社なら「何がニュースだ」「新しい事実はどこにあるんだ」と、デスクに突き返されるような内容かもしれない。確かにそれも新聞の一つの役割である。

しかし、我々は「繰り返す」ことを恐れるのを止めた。沖縄問題が解決されるまでは、同じことでも繰り返し、繰り返し指摘しなければならない。それが沖縄の現実であり、それが沖縄の新聞の一つの役割であると考える。

本書はその連載記事などをベースに再構成し、加筆してまとめたものだ。

「基地の地主さんは年収何千万円なんですよ、みんな。六本木ヒルズとかに住んでいる。基地が出て行くとお金がなくなるから困る。沖縄は本当に被害者なのか」

２０１５年６月の自民党国会議員の勉強会で、作家・百田《ひやくた》尚樹氏が発言した内容は、本書でも説明しているように、少し調べただけで間違いだと分かる。それなのに、百田氏の発言を聞いた自民党議員らは、「地元２紙の牙城の中で沖縄の世論は、あのようにゆがんでいる」「沖縄のどこかの島が中国に取られれば目を覚ますはずだ」と応じた。

インターネットで出回っていた程度の言説が、ベストセラー作家を通すことで「真実」のように振る舞い、「地元の新聞のせいで世論がゆがめられ、米軍基地に反対する人が増えた」と、問題をすり替え、本質をぼかし、責任を転嫁する典型的な例と言える。

「誤解」や「デマ」が生まれる背景には、いくつかのパターンがある。

まず無知や無関心だ。例えば「米軍基地に反対し、沖縄からなくなれば中国が攻めてくる」──

この中には複数の誤解が含まれている。

２０１４年12月に就任した翁長雄志《おながたけし》沖縄県知事は県政運営の柱に、「米軍普天間飛行場の移設に伴う名護市辺野古の新基地建設反対」を掲げている。全国的に取り上げられるケースが多いせいか、反対姿勢がクローズアップされ、全米軍基地に反対しているといった「誤解」を持たれているのかもしれない。

翁長知事が辺野古に反対するのは「沖縄から土地を奪っておきながら、それを返すから別の土地をよこせというのは不条理だ」「新辺野古基地が造られれば、負担や危険性を、さらに１００年、２００年と引き継ぐことになる」という理由である。

普天間飛行場の面積は４８０ヘクタールで、沖縄の米軍基地全体の2・5％にすぎない。普天間がそっくりそのままなくなっても、沖縄には陸海空の自衛隊のほか、米軍の嘉手納基地やホワイトビーチが残る。翁長知事は全基地撤去を求めているわけではないのに「基地がなくなれば中国が攻めてくる」と論理を飛躍させるのは、無知としか言いようがない。

また普天間を使用する海兵隊は、在沖米軍の兵力の6割、面積の7割を占めている。本書では、海兵隊と尖閣《せんかく》有事との関係を検証したほか、「海兵隊が沖縄に駐留する必要があるのか」をテーマに、本土から沖縄に移ってきた経緯、米政府内での海兵隊撤退論の歴史をひもとき、「沖縄の地理的優位性」や「在沖海兵隊の抑止力」に疑問を投げ掛けている。

オスプレイもそうである。開発段階から死亡事故が相次ぎ、米国内で「空飛ぶ恥」「未亡人製造機」と呼ばれた機種である。沖縄の市町村長、県議らが配備に反対した。すると、「オスプレイは航続距離、速度に優れ、尖閣有事に役立つ」といった反「反対」の声が広がった。２０１３年1月には、東京・銀座でのオスプレイ反対のデモ行進を、日の丸を掲げた一群が「売国奴《ばいこくど》」とののしった。

オスプレイの実戦での使用率が低いことは米軍のデータで明らかになっているほか、そもそも輸送機なので、尖閣有事で果たす役割は限定的であるといった議論は少ない。16年12月には、普天間を飛び立ったオスプレイが空中給油の訓練中に機体を損壊し、名護市安部《あぶ》の海岸に墜落する事故が起きた。県民の不安が現実になったにもかかわらず、事故原因が究明されないまま、６日後に訓練を再開したことで、県民の反発が強まっている。

一部の事実が、全体の事実のように語られるのも「誤解」の特徴と言える。「沖縄は基地で食べている」といったたぐいだ。

基地内で働く基地従業員や、軍用地主は、突如として基地がなくなれば影響を受けるのは当然である。それがさも沖縄経済全体のような印象を与えることで、複雑さを増す。

一般に定着した「誤解」を反証するのは労力が必要である。本書では、実際に返還された基地の跡地利用の成功例を示したり、国からの財政依存度を他の都道府県と比べたりするなど、基地で沖縄経済が成り立っているわけではないこと、逆に阻害要因になる場合もあることなど、具体的な事例を取り上げ、その実態を浮き彫りにし、理解を広げようと腐心した。

最もやっかいなのは、検証もせずに、垂れ流す意図的なデマである。取り上げるのも不愉快だが、東京の地上波ローカル局、東京MXテレビが17年1月に放映した「ニュース女子」という番組に触れざるを得ない。

沖縄県東村《ひがしそん》の人口140人の高江集落を取り囲むように米軍の6つのヘリパッド（ヘリコプター着陸帯）が建設されることに、反対する現場を取り上げていた。ジャーナリストを名乗る人物が取材を担当。「過激派が救急車を止めた」という情報は地元消防に確認すれば虚偽と判明していたが、「報道されない真実」として、そのまま報じた。

沖縄戦を経験し、「これ以上の負担はいらない」と座り込み、抗議する高齢者を「過激デモを支えるシルバー部隊」と揶揄《やゆ》し、あいまいな証拠をもとに「反対派は日当をもらっている」とも。現場から25キロも離れたトンネルの前で、「近づけば危ない」とロケを中断した様子には目を覆い、開いた口がふさがらなかった。

番組のレベルの低さと片付けられないのは、無知や無関心と連動し、事実がねじ曲げられるからだ。

本土側の課題もあるだろうが、沖縄側の課題として、沖縄問題を「沖縄だけの問題」に閉じ込めないよう、正確な情報を「いかに発信するか」から「いかに受け取ってもらうか」に変化が生じているように思う。

例えば、防衛省が14年7月に埋め立て事業に着手した辺野古の現場で、県外からの来訪者に、基地問題の現状を説明するヘリ基地反対協議会の安次富《あしとみ》浩共同代表の選ぶ言葉が、それだ。辺野古漁港の通称「テント村」で、安次富さんは「他国の軍事基地を建設するために多額の税金がつぎ込まれる」「基地を造ることは日本側が自由に立ち入り調査もできない地域を生み出すことだ」「北限のジュゴンの生息する豊かな海を埋め立てていいわけがない」と訴える。

以前なら「戦争につながる基地はいらない」と感情的な言葉が並んでいた。かたわらで聞いていると、安次富さんは県外の人との「共通の利害」「共通の価値観」を持ち出し、論理的に言葉を組み立てているような気がした。

過重な負担を受けている側が論理を尽くさなければならない。そうしてもなかなか伝わらない。イライラするような空気に包まれながら、「それでも」とすがる思いで、言葉を繰り出している。

何度も繰り返すが、沖縄問題の本質は「あまりにも多くの米軍基地が沖縄に集中している」ことである。

沖縄には米軍の管理する専用施設・区域の面積が約１万８６００ヘクタールある。２０１６年12

月に、「１９７２年以降最大」と言われた米軍北部訓練場の一部４０１０ヘクタールが返還された後も、沖縄本島の15・4％、東京ドーム３８８０個分の面積を米軍が使用している。全国の米軍専用施設・区域に占める割合は70・6％に上る。

この基地は、沖縄の人が望んだものではない。１９４５年の沖縄戦で上陸した米軍が、占領した土地に新たな基地を建設した。普天間飛行場の場所には集落や畑、役場などがあった。さらに、日本が主権を回復した52年4月28日のサンフランシスコ講和条約で、沖縄が日本の施政権から切り離された後、米軍が銃剣とブルドーザーで強制的に土地を接収し、基地を拡張した。本土の反基地運動に追い出されるような形で、沖縄に移ってきた米軍の部隊や機能が、今も沖縄に残っているのだ。

本書を読み進める上で、なお「とはいえ」「でもね」と思い浮かべば、こう考えていただければ幸いである。「それは沖縄に過重負担を押し付けることを正当化できる理由、根拠になるのか」と。沖縄は巨大な権力を持つ日米両政府と対峙《たいじ》している。今にも、押し切られ、つぶされそうな状況を、何とか持ちこたえている。本書が「沖縄に米軍基地があるのは仕方がない」という考えを改める一助になれば、と思う。

最後に、取材に答えていただいた皆さん、そして出版に尽力をいただいた高文研の山本邦彦さんに、この場を借りて厚くお礼を申し上げたい。

【編集注】

◆本書は、沖縄タイムスで２０１６年1月から8月に掲載された連載企画「誤解だらけの沖縄基地」、同じく6月に掲載された連載企画「検証 在沖海兵隊　抑止力の神話」を中心に再構成し、加筆、編集した。

◆沖縄本島北部にある米軍北部訓練場の約４０１０ヘクタールが２０１６年12月22日、返還された。沖縄県内の米軍基地面積は17％減少し、在日米軍専用施設面積に占める沖縄の割合は74・5％から70・6％に減ったが、沖縄に米軍基地が集中する現状は変わらない。沖縄タイムス紙上での連載は74％の数字を基本に論述しているので、本書もそれに準じている。

◆登場人物の年齢、肩書きなどは、原則として新聞連載当時のものである。

◆――もくじ

Ⅱ章　基地経済にまつわる誤解

Ⅲ章 こんな誤解、あんなデマ

Ⅳ章 沖縄の基地をめぐる誤解

Ⅴ章　「普天間」にまつわる誤解

Ⅵ章 海兵隊の抑止力をめぐる誤解

Ⅶ章 日米地位協定をめぐる誤解

装丁=商業デザインセンター・山田 由貴

住宅地の真ん中に広がり「世界一危険な基地」と呼ばれる米軍普天間飛行場

◈――プロローグ

■沖縄の米軍基地への誤解はなぜ生まれる?

※「うわさ」見抜く大学でのワークショップ

「沖縄の米軍基地反対運動には中国の工作員が紛れ込んでいる」「沖縄のメディアは米軍関係の悪いニュースを心待ちにしている」「反対デモに加わったら日当2万円がもらえる」……。

沖縄本島北部の中心都市、新基地建設問題で揺れる名護市の名桜《めいおう》大学で開かれた2016年7月のワークショップには、大学生や会社員、高校教諭らが参加し、沖縄の米軍基地に関する誤解やうわさ、デマを思いつくままに模造紙に書き込んでいった。

6~7人のグループになり、上げられたものから二つを取り上げ、具体的なデータや歴史的事実などを示し、誤解やデマに反証できるように議論を重ねた。名桜大学2年の小波津《こはつ》義嵩さん(20歳)のグループは、「名護市辺野古の新基地建設や東村高江のヘリコプター着陸帯(ヘリパッド)移設について、県内の人は容認している。反対しているのは県外の人だ」「基地反対運動は中国とつながっている」の二つを選んだ。

そして、それぞれが考え抜いた反論の内容を出し合い、グループの意見をまとめた。

「辺野古や高江の座り込みの現場に行けば、県内の人が多いと一目瞭然《いちもくりょうぜん》で分かる。狭い地域で地元の人は声を出しにくく、テレビや新聞の取材に答えるのは県外の人が多いため、そんな印象を持つのではないか」

「中国が在沖米軍の弱体化を狙っているという前提だろうが、中国と米国の経済的なつながりを調べれば、前提自体が間違っていることに気づく」

小波津さんは「なんとなく違うと分かっていても、証明するのは難しい」と感じた。

沖縄でも、米軍基地に関するデマや誤解、うわさを信じ込む若者が少なくない。

＊誤解やデマを信じたままの大学生

普天間飛行場の所在する宜野湾市の沖縄国際大学、佐藤学教授（政治学）は、３年前のある男子学生とのやりとりが忘れられない。学生は米カリフォルニア州で開かれる世界若者ウチナーンチュ大会に参加するため、「米軍基地について、学びたい」と研究室の扉をたたいた。ウチナーンチュとは、「沖縄人」のことで、戦前戦後に海外へ渡った沖縄出身者の子孫と、沖縄に住む若者たちが交流を深めるイベントだ。

学生は「普天間飛行場は何もない場所に造られた」と言い張った。佐藤教授が戦前の航空写真を見せ、集落や役場があったことを示しても、「基地に反対する人たちはひどいことをすると、インター

テーマごとに、沖縄の米軍基地に関する「誤解」を反証する参加者ら。2016年7月30日、名護市の名桜大学

ネット上に書いていた。戦前の写真を、コンピューターグラフィックス（CG）で都合のいいようにねつ造するくらい簡単にやりそうだ」と受け入れなかった。

「普天間飛行場は田んぼの真ん中に造られたのに、あとから商売目的で周囲に人が集まり、世界一危険と言われるようになった」

——この誤った認識は広く出回っている。

2015年6月には、作家の百田尚樹《ひゃくた》氏が自民党若手国会議員の勉強会で同様に発言し、話題になった。

「危険になったのは沖縄の人たちの責任で、それを日米両政府が危険性の少ない名護市辺野古へ移設すると計画したら、沖縄の人が反対している。それは、おかしいんじゃないか」とでも言いたいのだろう。

しかし、校舎から普天間飛行場を見渡せ、

地元の人の話を直接聞く機会のある沖縄国際大学の学生すら、インターネットの情報を鵜呑《うの》みにするという事実に佐藤教授は強い危機感を抱いた。

「なぜ普天間飛行場の中に地元の人の墓があるのか。なぜ3千人以上の地主がいるのか」――佐藤教授は計4~5時間にわたって説明を続けたという。この学生は理解を示し、米国へ飛んだが、別の学生が同じイベントの中で「普天間飛行場は何もないところに造られた」と発言したことをフェイスブックで知り、愕然《がくぜん》とした。

「一人に説明しても、他の学生には伝わっていない。しっかりとした論拠を提示しないと、今の学生は誤解やデマを信じたままになる」

＊検証プロジェクト立ち上げ

佐藤教授らは「沖縄米軍基地問題検証プロジェクト」をつくった。

国土面積の0・6%の沖縄に、在日米軍専用施設面積の約74%が集中し、それを解決できない現状は、誰の目から見ても「不公平」だ。辺野古や高江のように基地機能の強化が進むことに県民は「これ以上は耐えられない」と反対している。ただ、訴えても、訴えても県外の人たちからは、「でもね」「とはいえ」という声が聞こえてくる。その声に反証、反論できる若者を育成しなければならない。そんな狙いがあった。

また、「基地のおかげで沖縄経済は潤っているよね」「振興予算をたくさんもらっている」「中国の脅威があるから」といった誤解やデマの多くは、沖縄に基地を押し付けている側が自分たちを正当化し、事実から目をそらし、責任を逃れ、罪の意識を薄める意図があるのではないか。「それは違う」と沖縄側がはっきり言わなければ、「沖縄に基地があるのは仕方がない」という観念が根付き、問題の解決から遠ざかる。そうも考えた。

ワークショップは県内4大学で開いた。教材に使った反証本『それってどうなの？ 沖縄の基地の話。』は、佐藤教授のほか、プロジェクトに賛同した研究者らが執筆、編集した。「オスプレイは本当に高性能なの？」「沖縄の経済は基地に依存している？」といった56項目の誤解やデマを取り上げている。

＊歴史を学び、見抜く力を

宜野湾市に隣接する西原町出身の小波津さんは、沖縄の人から強制的に奪った土地に基地を建設した過程などを知らない「歴史認識の不足」、中国の脅威に在沖海兵隊は不可欠といった「漠然とした印象や雰囲気」から誤解が生まれるのではないか、と思う。「基地問題は国民全体の問題」という機運を高めるには、まだまだ道は険しいが、「誤解の一つひとつの皮をむくような細かい作業が必要」と考えるようになった。

ワークショップの司会を務めた塾講師の石橋柚里《ゆり》さん（22歳）は常識的、理論的に考えれば「誤解」を見抜けると信じている。ただ「沖縄経済は基地がないと成り立たない」といった沖縄の過重負担から目を背ける「意図的な誤解」が、それぞれの立場の人を経由し、「さもありなん」と存在することが「問題を複雑にしている」と表情を曇らせた。また、一生懸命にメッセージを送っても、それを受け取る県外の人たちの意識が変わらなければ伝わらず、それがいかに難しいか、という課題にも頭を悩ませている。

ワークショップを開いた
佐藤学沖縄国際大学教授

根も葉もない誤解やうわさで、沖縄社会が分断され、その情報を基に名護市辺野古の新基地建設など社会的な重要事項が政治的に決定されることに、仕掛け人の一人、琉球大学の島袋純教授（行政学）も危機感を募らせている。「ヨーロッパでは移民排斥《はいせき》運動に対し、行政が予算を組んで反証できる人材を育成している。沖縄では基地の形成過程を含む近現代史を高校までに教えていないことが課題の一つだ。それは間違いだ、ときちんと言える人を育てることは、自分たちの地域を正常化する役割を果たす」

琉球大学の星野英一教授（国際関係論）は「誤解やデマは簡単に広がるが、『ない』ものを『ない』

と反証するのは難しい。本で調べ、専門家の知識を取り入れてほしい」とアドバイスを送っている。

佐藤教授は、「フェイスブックやツイッターなどのソーシャル・ネットワーク・サービス（ＳＮＳ）で誤解やデマが広がるなら、同じように具体的なデータや歴史的な背景を根拠とする事実もＳＮＳで広がると思い、ＳＮＳの使い手である若者を中心に勉強会を開いた。誤解やデマが生まれるのは、弱みにつけ込む人、本質を無視する人、きれい事に辟易し、うさんくさいと思う人、そういった社会的な風潮も影響している。それを信じる沖縄の若者はどうか、と言うと卒業や就職のことで頭がいっぱい。沖縄の歴史を知らないことが大きな要因だろうが、最近では知りたくないのではないか、とさえ感じる。沖縄の近現代史を知り、そこから脱するために巨大な権力に立ち向かおうとするには、大変な作業が待ち受けているからだ。それなら、知らずに、考えずに過ごした方がラクと考えるのも無理はない。今の沖縄の現状が自分たちの暮らしにどうつながるか。まずは一歩引いて、考える機会をこれからも作りたい」と語った。

名護市辺野古の新基地建設阻止をはじめ、沖縄の基地問題が多くの誤解にさらされている。在沖米軍基地をめぐる論点を一つひとつ取り上げ、次章以降で検証する。

米軍普天間飛行場に着陸するＦ 22 ラプター

Ⅰ章 在日米軍をめぐる誤解

誤解だらけの沖縄基地

■1■

中国の近海進出にどう対抗するのか？

――限られる海兵隊の役割、海保・自衛隊が主軸

「こういう視点で沖縄を見たことがありますか？」

東京・市谷の防衛省執務室の一室で、防衛省幹部はテーブルに一枚の地図を広げ、沖縄タイムス記者に問い掛けた。

一般の地図と南北が逆だ。沖縄諸島と中国南東部、台湾などが記されている。

「中国から東シナ海は、こう見えます。彼らにとって、太平洋への進出に沖縄本島、宮古、石垣のラインがいかに邪魔か。はっきり分かるでしょう」

幹部は饒舌《じょうぜつ》に語り、付け加えた。

「だから、沖縄に基地が必要なんです」

中国は、南シナ海や尖閣諸島周辺などへの海洋進出を活発化させている。沖縄近海も頻繁に航行しており、本島と宮古島の間を通過し、太平洋に抜けるのが主なルートだ。防衛省が把握しているだけで、２０１５年12月には13日、22日、23日の３回、中国海軍の情報収集艦やフリゲート艦が本島―宮古島間を通過し、太平洋に出た。

防衛省幹部の主張は、こうだ。

中国軍が太平洋にアクセスする場合、必ず沖縄近海を通過する。沖縄周辺の抑止力が低下すれば、中国が海洋進出の動きを強めるのは必至だ。だから、在沖米軍基地は必要であり、普天間飛行場を名護市辺野古に移設せねばならない――。

こうした見方は、一般の国民にも広がっている。

「沖縄に基地がなければ、中国の脅威をどうするんだ」「普天間が沖縄からなくなると中国が攻めてくる」――インターネット上には、こんな書き込みがあふれている。

ただ、中国の脅威と普天間飛行場の存在意義は、直接、結び付くのだろうか。

「中国の艦船や航空機の監視・警戒は、一義的に海上保安庁と海上・航空の両自衛隊の役割だ。在沖米軍でいうと海兵隊の普天間飛行場ではなく、主に空軍嘉手納基地の電子偵察機や対潜哨戒《しょうかい》機などが任に当たる」

米軍に詳しい市民団体「リムピース」の頼《らい》和太郎編集長はこう説明し、在沖海兵隊の役割は限定的との認識を示す。

「『中国の脅威があるから普天間を沖縄に置け』と言われるが、嘉手納と普天間の違いすら認識せ

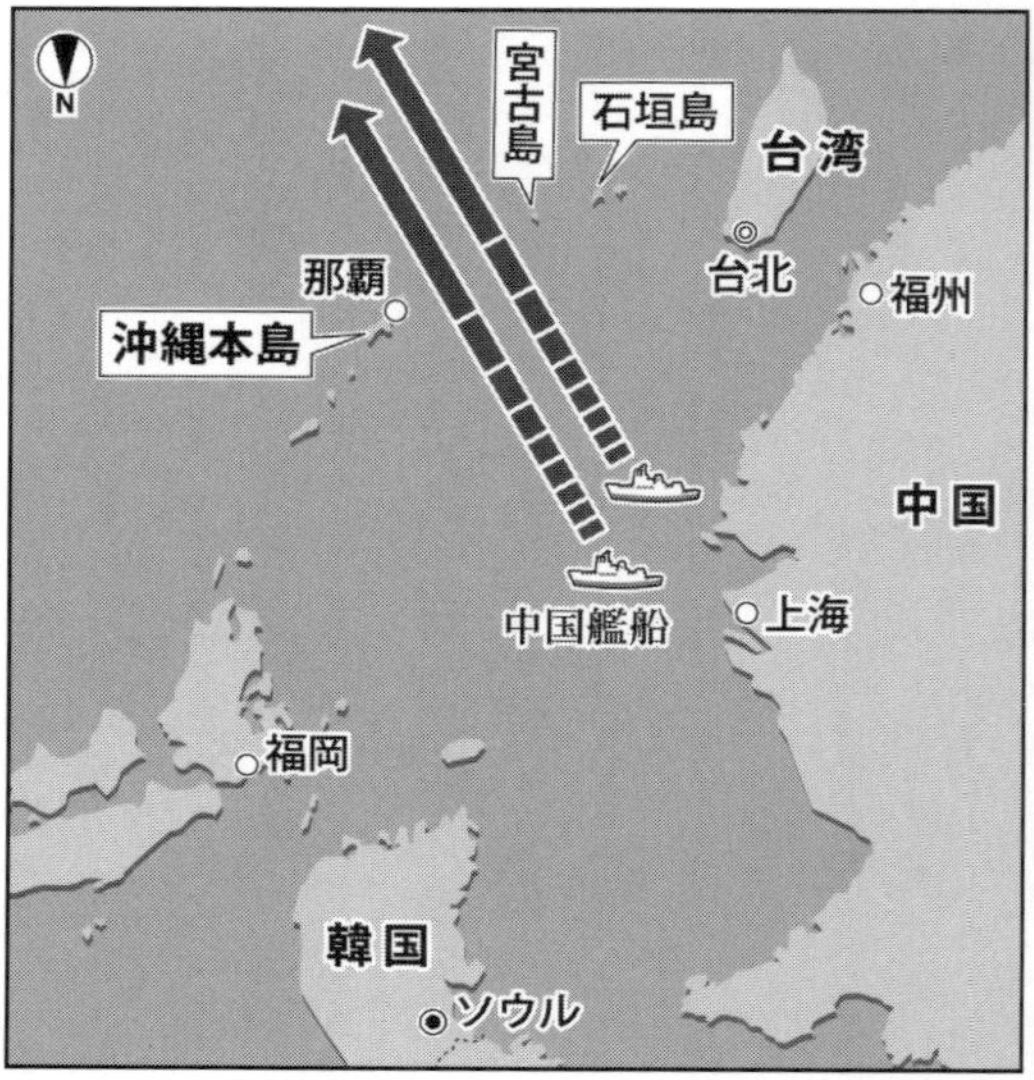

防衛省幹部の説明を基に作成した沖縄周辺の地図。一般の地図とは南北が逆で、中国から沖縄諸島がどのように見えるかを強調している

ず、基地問題を十把ひとからげに捉える議論ではないか」

なぜ、こうした認識が独り歩きするのか。頼氏は「歴史的に基地負担を抱えてきた沖縄県民と違い、本土では基地問題に関する理解度が低く、感情論が先行している」とみる。

沖縄側が辺野古新基地建設に反対すると、すべての米軍・自衛隊基地の撤去運動であるかのように誤解され、「非現実的だ」と冷笑されることもある。

しかし、沖縄では嘉手納基地や、航空自衛隊那覇基地、第11管区海上保安本部など、中国の脅威に対処する組織の撤去運動が広がっているわけではない。

元米海兵隊員による女性暴行殺害事件を受けて、沖縄県議会が16年5月に決議したのは海兵隊の撤退だ。翌月に6万5千人が集まって開かれた県民大会でも、海兵隊の撤退が決議されており、「全基地撤去」を求めたわけではない。

頼氏は、「本土側は沖縄県民がいま何を主張しているのかを知る努力が、沖縄側には問題の発信を続ける努力が求められる」と問題提起する。

誤解だらけの沖縄基地

■2■

普天間飛行場がなければ尖閣は取られるのか？

――米海兵隊高官「奪還に海兵隊上陸は不要」

「普天間飛行場が沖縄からなくなると、尖閣が中国に取られてしまう」

インターネット上などで頻繁に語られる指摘だ。

防衛省幹部の一人は、「海兵隊の撤退は、海洋進出を強める中国に誤ったメッセージを送る。中国が領有権を主張する尖閣諸島が、実効支配されかねない」と同調する。

沖縄に駐留する海兵隊は、尖閣諸島を防衛する抑止力になっているのだろうか。

中国が、尖閣周辺海域への進出を強めているのは、事実だ。海上保安庁によると、中国の公船は２０１５年、尖閣周辺で日本の領海に接する接続水域を延べ７０９隻が航行した。日本領海への侵入も、延べ95隻が確認されている。

国際社会の批判を押し切り南沙諸島で飛行場を建設するなど、中国の「力による現状変更」が表

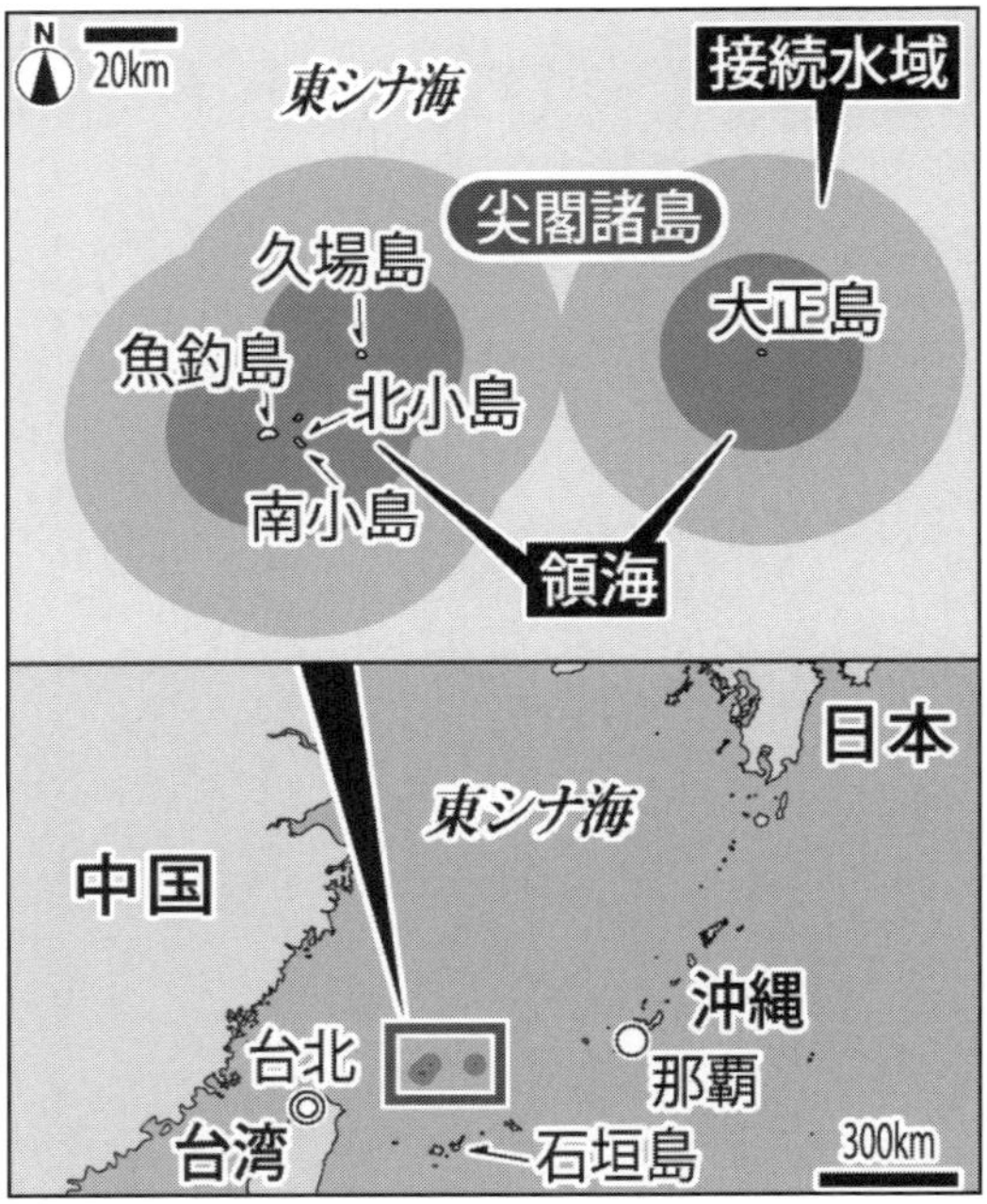

尖閣諸島＝略図

面化し、県内でも宮古、石垣、与那国など離島の住民を中心に危機感が高まっている。

では、尖閣を守るのは、誰なのだろうか。

平時に周辺海域を警備する主体は、第11管区海上保安本部だ。中国海軍の航行が確認されれば、海上自衛隊が監視することもある。また、南西諸島の沿岸警備で、石垣に陸上自衛隊の配備が計画されている。

海保関係者は「いずれにせよ普天間飛行場の部隊が監視・警戒しているとは、考えづらい」と説明する。

では、仮に中国が尖閣を武力で支配しようとする有事が起きた場合は、どうか――。

2014年4月、在日米海兵隊トップのウィスラー司令官（当時）は、米ワシントンでの記者会見で、「尖閣諸島は極めて小さな島の集まりだ。脅威を除去するために、兵士を上陸させる必要すらないかもしれない」と切り出した。

「尖閣諸島を占拠されても、奪還するよう命じられれば遂行できる」と強調しつつ、敵の部隊が島に上陸した場合でも、海と空からの攻撃だけで排除できると説明した。強襲上陸作戦を実行しなくても、十分な奪還能力を発揮できるとの考えを示した。

米側が描く尖閣諸島奪還のシナリオに、海兵隊が必ずしも含まれているわけではないことがうかがえる。

軍事ジャーナリストの神浦元彰氏は、「尖閣には滑走路がない、水も食料もない。そんなところに中国の漁民に扮した軍人数百人が仮に上陸し、旗を立ててバンザイしたところで全く意味がない」と指摘する。

さらに「仮にそうした事態になれば、近代戦で重要なのは、制空権と制海権である。尖閣有事への対処は航空・海上自衛隊と、米空軍の嘉手納基地が十分に担える」と解説し、尖閣防衛と名護市辺野古の新基地建設を結び付ける議論に、警鐘を鳴らしている。

誤解だらけの沖縄基地

■3■

地理的に重要だから沖縄に海兵隊を置くのか？

——米専門家も絶対視はせず

防衛省や外務省の幹部が好んで使う、こんな言葉がある。

「沖縄は脅威の場所から近すぎず、遠すぎない。戦略上、重要な位置である」

軍事用語で「縦深性が高い」とも言われる。

沖縄は他国から狙われにくく、逆に攻撃を仕掛けやすい位置にあり、普天間飛行場の米海兵隊が駐留するのに適しているという主張だ。

こうした「地理的優位性」は不変なのだろうか。

「中国の弾道ミサイルの開発で、沖縄の基地の脆弱《ぜいじゃく》性は増している」

２０１４年８月。米オンライン政治誌「ハフィントン・ポスト」に、こんな論文が寄稿された。

筆者は知日派の重鎮で、元米国防次官補のジョセフ・ナイ氏だ。

2003 年のイラク戦争時には、中東に派遣されて閑散とした普天間飛行場

ナイ氏はミサイル攻撃で、嘉手納基地や普天間飛行場の機能が無力化する事態を警戒する。在沖米軍基地を自衛隊の管理に移行し、米軍の拠点を太平洋地域に分散し、巡回配備で沖縄に立ち寄る案を提唱した。

米国の専門家も、沖縄の「地理的優位性」を絶対視していない傾向がうかがえる。

そもそも、沖縄の位置が軍事戦略上、有益か危険かは、脅威の対象によって様変わりする。

中国関連では、中国大陸だけでなく台湾での有事も想定される。2016年1月6日に4度目の核実験をした北朝鮮も、弾道ミサイルを保有する脅威の対象だ。海兵隊は03年のイラク戦争では中東に派遣され、普天間飛行場が閑散とした。

脅威の主体によって沖縄からの距離は変化し、唯一の正解はないのが現状だ。

「普天間飛行場を名護市辺野古に移設し、抑止力を維持するように」——２０１５年10月7日、首相官邸で安倍晋三首相は、組閣に伴い中谷元・防衛相にこう指示した。

「抑止力」とは、他国に「日本を攻撃したら深刻な反撃を受け、不利益が大きい」と判断させ、攻撃を思いとどまらせる力を指す。

海兵隊の実情に詳しいジャーナリストの屋良朝博氏は「宗教的な色彩を帯びた神学論争だ」と指摘する。「正解が誰にも分からない議論」という意味だ。

屋良氏は「平時の在沖海兵隊の任務は、アジア太平洋地域で深刻な自然災害が起きた場合の復旧支援や紛争への即応だ。タイやフィリピン軍との共同演習で、他国との信頼関係の醸成も重視している」と説明する。「このため1年のうち8～9カ月は艦船でアジア太平洋地域を巡洋しており、沖縄を留守にする時間が長い。沖縄の地理を論じる議論は本質的に意味が乏しい」とくぎを刺す。

「一方で、大規模な紛争が起きれば10万人以上の兵力を投入する。湾岸戦争で米軍が投入した兵力は50万人を超え、そのうち海兵隊は約9万人だった。有事は米本国から大型輸送機で兵力をピストン輸送する」と指摘し、さらに「在沖海兵隊が大規模に移動する際には、長崎県佐世保市に駐留する強襲揚陸艦を沖縄に派遣し、輸送ヘリなどを積み込むが、この作業に一昼夜かかる。地理的優位性だけを論じるなら、九州に海兵隊を置いた方が効率的だ」と強調する。

こうした状況を踏まえ、屋良氏は「米軍再編後、沖縄に残る数千人にすぎない海兵遠征部隊を、他国が抑止力と見なすかどうか。答えは『神のみぞ知る』だ」と皮肉を込めた。

誤解だらけの沖縄基地

■4■

海兵隊撤退で沖縄は「南沙状態」になるのか？

——兵力小規模で抑止力にならず

沖縄から米海兵隊が撤退をすれば、南シナ海の南沙諸島のように中国が沖縄を奪いにくる——。海兵隊の沖縄駐留が必要な理由としてインターネット上で、まことしやかに語られる言説だ。

中国は近年、海洋進出と力による現状変更を進めている。顕著な事例がフィリピンなどが領有権を主張する南沙諸島の実効支配だ。

冷戦時代に米軍のアジア戦略で重要拠点だったフィリピンには、クラーク米空軍基地、スービック米海軍基地があり、一時は2万人以上の米兵が駐留していた。だが、国民の独立心の高まりや米国への反発などを背景に１９９１年、フィリピン政府は米比友好安全保障条約の批准を拒否した。92年に両基地はフィリピンに返還され、全米軍が撤退した。

一方、同じ92年に中国は南沙、西沙両諸島を自らの領土と規定する「領海法」を施行した。その後、中国は南沙諸島で岩礁を埋め立てて建造物を建造するなど実効支配を強めている。

東シナ海、南シナ海＝略図

「米軍が退いたから中国が進出した」——政府関係者でさえ中国の強硬姿勢はフィリピンからの米軍の撤退が大きな要因で、沖縄から海兵隊がいなくなれば、尖閣諸島だけでなく与那国島や沖縄本島まで中国が奪いにかかるとの「仮説」を語る。

全米軍が撤退したフィリピンと、駐留する陸・海・空・海兵隊の四軍のうち、海兵隊だけの撤退を求める沖縄とでは比較できないにもかかわらず、だ。

事実なのだろうか。

軍事ジャーナリストの田岡俊次氏は、政治と軍事の両面から強く否定する。

田岡氏は、尖閣は２０１４年の安倍・習会談で事実上の現状維持で合意しており侵攻することはあり得ないとする。米国が最大の輸出市場、投融資先である中国にとり、米との決定的対立は避けたいのも事実だ。

一方、米国にとっても中国は米国債1兆2千億ドルを保持して財政を支えているだけでなく、3兆7千億ドルの外貨準備の大半をウォール街で運用し、米金融証券界の大黒柱になっている。

毎年150機の旅客機を輸入し、米軍需、航空機産業の最大の顧客でもある。武力衝突は双方にとり破綻《はたん》を意味する。

そもそも在沖海兵隊は「抑止力」になり得ないとも言う。在沖海兵隊の戦闘部隊は第31海兵遠征隊（2千人）だけである。他は補給・支援部隊なのだ。その歩兵部隊は1個大隊800人にすぎないとも指摘する。

「戦車ゼロ、装甲車約20両とオスプレイ、ヘリは戦争ができる兵力ではない。太平洋、インド洋地域の戦乱、暴動や災害時に在留米国民を救出するのが主たる役割だ」と説明する。

その上で、「米軍が日本を守っていると言うが、それは間違いだ」と強調する。「沖縄の陸上自衛隊第15旅団の方がよほど頼りになる」と述べ、海兵隊がいなくても沖縄がフィリピン化することはないとする。

確かに、日米ガイドラインでも離島防衛は自衛隊の任務と明記している。防衛省は2018年度、陸上自衛隊に水陸機動団をつくり、海兵隊機能を持つ計画だ。長崎県に配置する予定で、海兵隊が沖縄でなければならない理由はなくなる。

では、なぜ政府内から米軍撤退による中国脅威論が出るのか。

田岡氏は、政府が沖縄県の民意を無視する形で進めている名護市辺野古への新基地建設計画に「正当性を持たせたいためだ」との見方を示し、「マスコミも政府関係者も米国の軍事戦略、海兵隊の役割など、基本的な知識がなさすぎる」と嘆いた。

誤解だらけの沖縄基地

■5■

日本防衛の義務、在日米軍にあるのか?

——直接関与せず曖昧さ含む

「在沖海兵隊に日本防衛の任務は割り当てられていない」

沖縄県議会の代表質問で、基地問題を担当する謝花喜一郎知事公室長は、共産党会派の渡久地修氏の質問に答える形で、国会図書館から入手したという文書を読み上げた。1982年4月、ワインバーガー米国防長官が米上院の歳出委員会に提出した書面だ。

日米安保条約5条は、米国の対日防衛義務を定めると解釈されてきたが、同様の文書をジャーナリストで早稲田大学大学院の春名幹男客員教授が、米側でいくつも見つけている。

まず、1969年11月、沖縄返還について、ワシントンで会談した佐藤栄作首相とニクソン大統領は共同声明で「返還後、沖縄の局地防衛の責務は日本自体の防衛のための努力の一環として徐々にこれを負う」と発表した。つまり、施政権が返還されれば、本土と同様に沖縄の防衛は日本の責務である、と両首脳が確認したことになる。

次に71年12月、翌月の佐藤栄作首相との会談を控え、ジョンソン国務次官がニクソン大統領に提出したメモである。「在日米軍は日本本土を防衛するために日本に駐留しているわけではなく（それは日本自身の責任）、韓国、台湾、東南アジアの戦略的防衛のために駐留している」

その中で、沖縄を含む在日米軍の目的は前線に物資や食糧を補給する後方支援と説明し、「戦略的な広い意味でのみ、日本防衛に務める」と明記している。

三つ目に、74年9月の日米関係見直しに関する米政府内の協議で、「在日米軍および基地は日本の防衛に直接関与しない」といった発言を記録する米統合参謀本部の歴史文書が見つかっている。

これに対し、安倍晋三首相は集団的自衛権の行使容認や安保関連法制の議論の中で、次のように繰り返してきた。「日本が攻撃を受ければ、米国の若者が血を流す。米軍が攻撃されても日本は何もできない。それでいいのか」と。「米国は日本を守ってくれる」という前提がある。

日米地位協定の改定でもそうだ。「命懸けで日本を守る米国の若者の地位を保障するもので簡単にはさわれない」と、外務省はハードルの高さを強調してきた。

在日米軍は日本防衛のために駐留しているわけではない――。そうなれば、安保条約の中核規定の根幹が揺らぐ。米軍普天間飛行場の名護市辺野古への移設や米軍北部訓練場のヘリパッド移設の根拠にも影響が出るのは確実だ。

春名氏は「米国の平和や安全を脅かすような事態が日本で起きれば、米軍は行動するだろう。しかし、一般国民が思い描くような無条件で日本を守る状況にあるか、どうか。曖昧《あいまい》な部分を追及する必要がある」と話した。

春名幹男氏インタビュー

米文書「駐留は日本防衛のためではない」

著書『仮面の日米同盟』の中で、「米国は日本を守ってくれるのか」と日米安保条約に対する疑問を投げ掛けたジャーナリストで、早稲田大学大学院客員教授の春名幹男氏に話を聞いた。

――安保条約に疑問を持ったきっかけは何か。

「共同通信を退社後、2007年に米国立公文書館で、衝撃的な文書を見つけた。『在日米軍は日本本土を防衛するために日本に駐留しているわけではない』と書かれていた。その後、宿題にしていたが、安倍晋三首相が『日本を守る米軍を日本は守らないのか』と主張し、集団的自衛権の行使容認の理由にした。本当にそうなのか、という思いが強くなった。一つの文書だけだと根拠は乏しかったが、同じ趣旨の機密文書が他にも見つかった」

――米国は日本を守ってくれると考える国民は多い。

「新しい日米防衛協力のための指針（ガイドライン）を見ると、英文を意図的に誤訳（曲訳）したのではないかと思う部分がある。英文では、日本が日本防衛の『主要な（第1次的）責任を持つ』となっているが、日本文では『主体的に実施する』と翻訳している。ここで明らかなのは、日本を守るのは日本（具体的には自衛隊）であって、在日米軍ではない」

――なぜ誤訳するのか。

「現実を隠し、米軍が日本防衛に関与すると印象づけるためだろう」

在日米軍の日本防衛について語る春名幹男氏。2016年7月27日、那覇市内

――日米安保条約5条で日本防衛を定めている。

「共同で危険に対処すると、曖昧に書かれている。武力行使という言葉が入るNATO条約に比べ、一段レベルが低いのは明白だ。どういった状況になれば日本を守るのか、という部分が分からない」

――尖閣有事でも安保条約の適用が議論になる。

「ブッシュ政権では①日本の施政下にある地域が安保条約の対象、②尖閣は日本の施政下にある、③従って尖閣は安保条約の適用対象――、と三段論法だった。オバマ政権になった09年春、①と②はそのままで、③について、相手に聞かれればイエスと答えると変更した。領有権を主張する中国への配慮ではないか」

「日米安保条約を結んだ1960年、デモ隊は『日本が米国の戦争に巻き込まれる』と反対していた。今は、米国が日本の戦争に巻き込まれることを恐れるようになった。有事を避けるために、何をしなければならないのか。最優先であるはずなのに、まったくやっていない、進んでいないことを危惧している」

Ⅱ章

基地経済にまつわる誤解

誤解だらけの沖縄基地

■６■

基地がなければ沖縄経済は破綻？❶

——観光収入が基地関連収入を上回り、ＩＴ産業も成長

沖縄では「基地か」「経済か」が、たびたび論争の対象とされてきた。いまだに「基地依存経済」を前提に、「基地がなければ、沖縄経済は破綻する」という見方が残る。一方、「基地は経済の手かせ足かせ」「最大の阻害要因」といった考え方が広まっている。背景の一つに、観光産業の顕著な伸びがある。

沖縄県によると、２０１５年の観光客数は７７６万３千人、観光収入は５９１３億１５００万円で、いずれも過去最高を更新した。

沖縄返還の１９７２年と比べると観光客数は44万４千人から約17倍、観光収入は３２４億円から約18倍に増えたことになる。

観光客数の成長率は過去20年で４・26％（年平均）、直近５年で８・81％（同）だ。米国の同時多

1972年以降の入域観光客数と観光収入

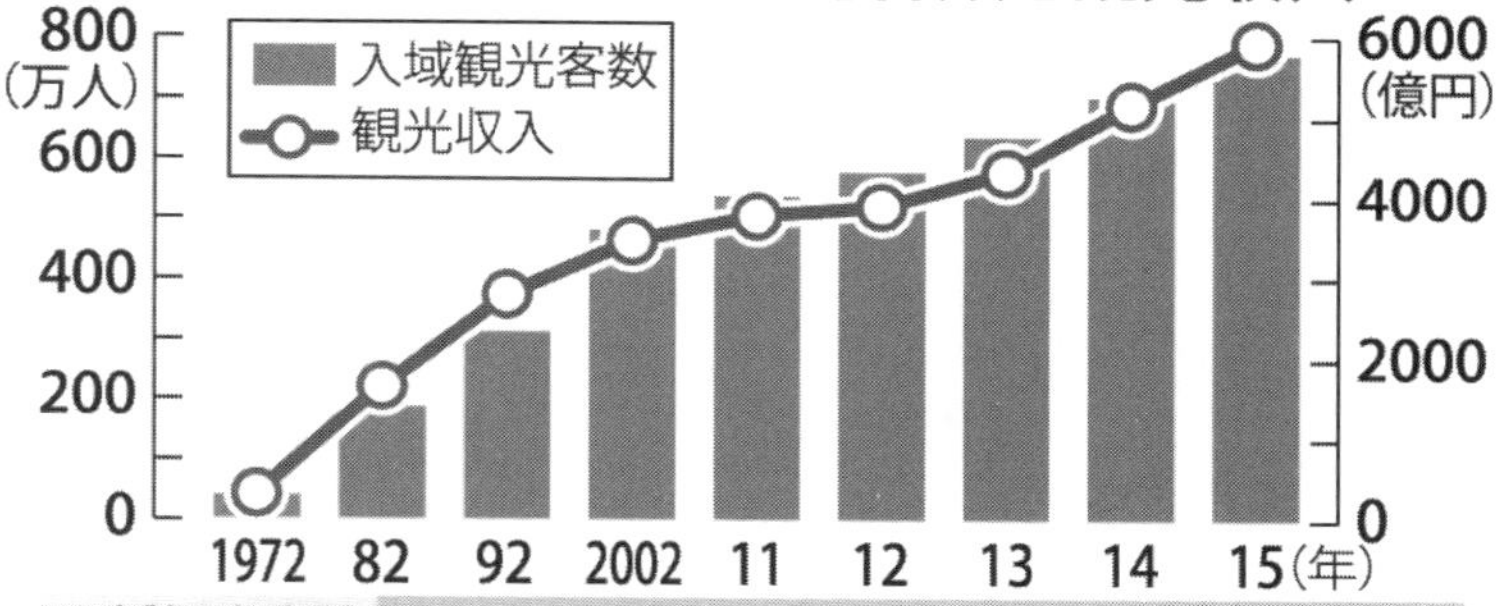

入域観光客数	1972年　44万人 ➡	2015年　776万人	17.6倍
観光収入	324億円 ➡	5913億円	18.3倍

発テロやリーマンショック、新型肺炎（ＳＡＲＳ）のような感染症の流行で一時的に落ち込むことはあっても、順調に成長を続けている。

　那覇空港第２滑走路の建設などプラス要素もあり、沖縄観光コンベンションビューロー（平良朝敬会長）は、30年度の観光客数は１５２３万人に達すると予測している。

　一方の基地従業員の所得や軍用地料、米軍関係者の消費支出を合わせた「基地関連収入（軍関係受け取り額）」は72年の７７７億円から２０１３年の２０８８億円と２・７倍の伸びにとどまる。県民総所得全体の伸び８・２倍を大幅に下回っている。

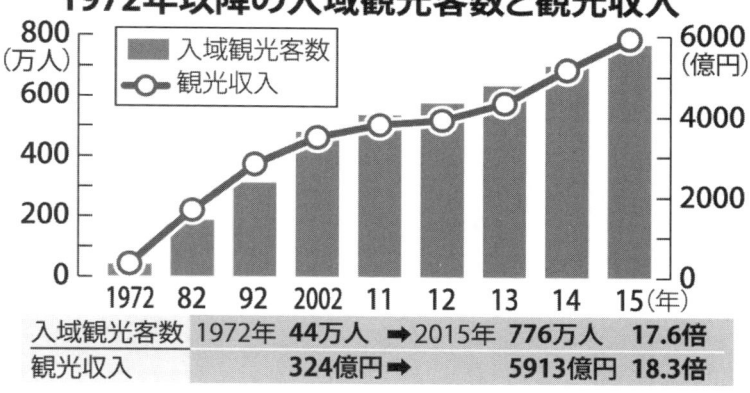

　沖縄国際大学の富川盛武名誉教授の試算では、15年度に沖縄を訪れた外国人観光客の県内消費額は約２３２５億円に上ることが明らかになった。

　観光収入全体では78年以降、「基地関連収入」を上回り続けるが、外国人客の経済効果だけでもそれをしのぐようになった。基地経済の「発展の限界性」が浮き彫りになり、基地よりも産業活動が経済を成長させることがはっきりと示されている。

外国人客数は11年度30万1400人から15年度167万300人に増え、さらに「伸びしろ」が見込まれる。ただ、基地として使用する土地を経済活動に生かすことができず、「機会費用の損失」につながっていると言えそうだ。

富川氏は沖縄返還の直後に、「基地がなければ生きることができない時期」があったことを認めつつ、こう続けた。

「基地は負担の大きさに比べ、経済への影響は小さい。沖縄が発展すればするほど、基地収入の割合は減る。基地収入は経済主体ではなく、生産やサービスを生み出すものではない。予算があってそれを執行するだけに過ぎない。沖縄経済の視点からみると、基地は異物である。観光やＩＴ産業は成長を続けており、時間がたてばたつほど、基地が手かせ足かせになっている」

誤解だらけの沖縄基地

■７■

基地がなければ沖縄経済は破綻？❷

――跡地利用の試算、経済効果18倍

「米軍基地は市街地を分断する形で存在しており、都市機能、交通体系、土地利用などの面で大きな制約になっている」

沖縄県は２０１５年に公表した米軍基地の跡地利用に伴う経済波及効果に関する調査の中で、米軍基地が経済や市民生活、まちづくりの上で、〝阻害要因〟になっていることをはっきりと明記している。

嘉手納町より南の沖縄本島中南部地域の人口は約１１７万人で、県全体の８割を超える。面積は全体で約４７９平方キロメートルのうち、米軍基地を除けば約４１２平方キロメートルになる。１平方キロメートル当たりの人口密度は全体では２４５０人だが、基地を除いた場合には２８４６人に膨れ上がり、神戸市の２７８６人を上回る数字になる。

返還予定の米軍基地における経済効果

活動による直接経済効果 単位：億円／年			
	返還前	返還後	倍率
キャンプ桑江	40	334	8倍
キャンプ瑞慶覧	109	1,061	10倍
普天間飛行場	120	3,866	32倍
牧港補給地区	202	2,564	13倍
那覇港湾施設	30	1,076	36倍
合計	501	8,900	18倍

沖縄県の調査では、人口の集中する中南部地域の米軍基地が返還された後の経済効果を試算している。返還前の軍用地料や基地従業員所得、米軍関係者の消費支出、基地周辺整備費や交付金を合わせた金額と、返還後の卸・小売業、飲食業、サービス業などの売上高、不動産賃貸額を合わせた金額を比較している。

全体では501億円から8900億円と約18倍に増加すると見込む。

内訳はキャンプ桑江で40億円から334億円と8倍、キャンプ瑞慶覧《ずけらん》で109億円から1061億円と10倍、普天間飛行場で120億円から3866億円と32倍、牧港補給地区で202億円から2564億円と13倍、那覇港湾施設で30億円から1076億円と36倍と予想する。

雇用面でも、誘発される生産を行うために必要となる「理論上の雇用者数」が、キャンプ桑江で351人から3409人と10倍、キャンプ瑞慶覧で954人から7386人と8倍、普天間飛行場で1074人から3万4093人と32倍、牧港補給地区で1793人から2万4928人と14倍、那覇港湾施設で228人から1万687人と47倍に伸びると試算している。

調査は住宅地や商業地としての利用が成功した場合を前提とするほか、周辺地域の経済が沈下する可能性もある。それを踏まえても、すでに那覇新都心地区や小禄金城地区、北谷《ちゃたん》桑江・北前地区といった米軍基地返還跡地の実績が示すように、返還で生み出される経済効果の方が、基地関連収入をはるかに上回るのは間違いないとみられる。

沖縄県は調査結果をホームページで公表している。

県の幹部は、「沖縄の米軍基地に関する誤解に対しては、米軍基地が存在することによる弊害、実際に基地が返還されたことによる経済効果、財政や経済の基地依存度など、具体的な数値やデータ、事例を説明していくしかない」と、狙いを語った。

基地がなければ沖縄経済は破綻？❸

——基地依存からの脱却、外資参入に実績

「沖縄戦で壊滅的な被害を受け、生産設備は何もないから、基地のそばで生きるしかすべがなかった。県民総所得に占める基地関連収入は50％のころもあったが、復帰する時は15％、今は５％と低下している。沖縄は基地で食べているから基地を置くのは当たり前というのは大きな誤解だ」翁長雄志《おながたけし》知事は基地依存という「誤解」に対し、こう反論してきた。強いられた「基地経済」を脱した自負と、基地の集中がいまだに発展の阻害要因になっていることへの無関心に向けた憤りが見える。

沖縄戦で住宅や学校、役所、病院などを破壊された住民は、米軍の収容所で配給物資に頼り、命をつないだ。朝鮮戦争を背景に米軍は「銃剣とブルドーザー」で農地や宅地を奪い、沖縄の基地を拡張した。

米軍の泡瀬ゴルフ場跡地に完成したイオンモール沖縄ライカム。外国人観光客を含む多くの客でにぎわう。2016年4月、北中城村

住民は土地を奪われながらも、飛行場や訓練場の建設、整備に働き場所を求めた。ピーク時の1952年には6万7千人が基地で働いていた。奪われた土地に、軍用地料が支払われるようになる。

ベトナム戦争などに従事した米軍人、軍属は手に入れた金を基地の外でも惜しみなく使い、「基地城下町」はにぎわった。

日本に施政権が返還された後も、基地の建設、整備以外に住宅への防音対策工事や基地所在市町村に対する周辺対策事業など、建設業を中心に「基地経済」は姿を色濃くし、「基地か経済か」と政争の具になることも多かった。

「基地経済」の成り立ちを振り返ると、県民が自ら望んで足を踏み入れたわけではない

ことがはっきりと分かる。その歴史を知らずに、もしくは知りながらも「基地で食べている」といった言葉が使われてきた。

しかし、観光産業や情報関連産業は飛躍的に伸び、基地関連収入をはるかにしのいでいる。「もはや依存とは呼べない」と経済の専門家は口をそろえる。

沖縄県参与を務める富川盛武沖縄国際大名誉教授（経済学）は、戦後沖縄の経済の成り立ちについて、焦土化した何もない島でどう生き残るか――から始まったと振り返る。米軍統治の中、基地建設が進み、作業員を確保するために軍雇用員の給与が上がった。そのため、公務員や教員を辞め、転職した人もいる。

「ちまちま商売するより軍雇用員の給与の方が高かった。おしなべて軍雇用員となった。結婚相手の一番人気も軍雇用員だった。いい人材が流れっていったのも疑う余地はない。地道に産業を発展させる段階ではなかった」

一方で、経済発展とともに、基地収入への依存度はしぼんでいった。現在は外資系の参入に注目する。「アジアからの観光客が呼びやすく、すでに実績を重ねている。外資系企業から沖縄への投資も多い。市場が沖縄の可能性を認めている」と目を輝かせる。

沖縄県が初めて策定した沖縄21世紀ビジョンでは「基地のない豊かな沖縄」を将来像に掲げた。戦後71年を経て、状況は大きく変化している。

「復帰直後は、日本のラストランナーだった。産業もなく、助けてくれという発想だったが、今は完全に脱している。基地は経済主体ではないし、将来を考えるとマーケットメカニズムにのっとった発展が望ましい。基地はない方が良いと21世紀ビジョンにははっきりと示している」と富川氏は語る。

日本政府も沖縄の発展が日本経済の再生に役立つと認めている。沖縄の米軍基地は、沖縄戦時の占領や強制接収した土地に必要な施設や訓練場を整備したため、経済の視点がまったく抜け落ち、マイナス効果が大きい。

富川氏は「有効な土地利用、海外展開を考えると、経済の視点からも、（米軍基地の）返還、再編を考えるべきだ」と訴えた。

平良朝敬氏（OCVB会長）インタビュー
アジアの発展と連動、経済の自立は可能

沖縄観光コンベンションビューロー（ＯＣＶＢ）の平良朝敬会長に沖縄観光の可能性やアジアの動向、基地がもたらす経済損失などを聞いた。

平良朝敬氏
たいら・ちょうけい＝1954年生まれ、うるま市出身。76年ホテルなは（現かりゆし）入社。91年社長就任、同社会長、グループ12社のCEOを務めた後、2015年6月から現職。

――観光収入の伸びが県民総所得を押し上げたことで、基地関連収入の割合は低くなっている。

「沖縄への観光客数の過去20年間の伸び率は平均4・3%。直近の5年間では平均8・8%になる。2030年には地球規模で約18億人が観光で動くといわれる。そのうち6億人がアジアを中心に回るというのが世界観光機関の推計だ。30年までに約18億人というと、平均の伸び率は4・5%。沖縄はアジアの成長にきっちりとついている」

――今後の伸びる要素は。

「ハワイと沖縄の観光の決定的な違いは、宿泊の日数だ。ハワイは平均6・8泊、沖縄は平均3・8泊。観光は2、3泊で帰るというより、住みたくなる環境づくりが大切。コンドミニアムの需要はある。ハワイには1～2カ月滞在する人もいる。沖縄でも各地域の魅力を生かし、長く滞在する観光を実現するため、滞在日数を伸ばす方法を考えないといけない」

「住んで良し、訪ねて良しのまちづくりに米軍基地は大きな阻害要因になっている。土地利用の制約になるほか、交通渋滞の原因でもあるからだ」

――基地関連収入は安定しているが、観光収入は景気や為替の影響を受けるという声もある。

「影響を受けても一時的なものだ。過去20年間で、米国の同時多発テロ、新型肺炎（ＳＡＲＳ）、リーマンショック、東日本大震災などの外的要因はあったが、平均で４・３％伸びた。マクロ的に見れば、観光は十分に発展性がある」

――２０１５年、米国で沖縄経済を訴えた。

「一人の経済人として沖縄を見た時、経済的に自立できる力があるのに、基地の集中が住みよいまちづくりにブレーキをかけている。辺野古に代表される海岸線を観光に生かせば、長期滞在の場所になり得る。基地が経済活動の阻害要因、と説明してきた」

「アジアでは3千キロ以内に約20億人が住んでいる。その人たちがターゲットになる。アジアを見ない企業は成長できないといわれる。那覇空港には格安航空会社（ＬＣＣ）を含む航空会社19社が乗り入れている。日本の地方空港では飛び抜けた数字だ。マーケットとして名実ともに認められている。沖縄の発展は日本の発展にもつながる」

誤解だらけの沖縄基地

■９■

基地収入の比率は低下？

――県民総所得は復帰時の8・2倍、観光は軍関係の2倍超

沖縄の経済はかつて「３K経済」と言われた。基地関連収入、公共事業、観光収入に支えられているという意味だ。

沖縄が日本本土に復帰した１９７２年、県内には2万８６６０ヘクタールの米軍基地があった。基地内で1万９９８０人が働き、同年度の雇用者所得は２４０億円、軍用地料は１２３億円。米軍人や軍属が基地内外でもたらす消費支出などと合わせた軍関係受取は７７７億円に上り、県民総所得５０１３億円の15・５％を占めた。

しかし、復帰から3年後の75年度に県民総所得は１兆円超と倍増した。77年度には1兆１６３１億円に増えた一方で、基地内で働く従業員数は８４４７人に激減した。軍関係受取が占める割合は8・6％に減った。

２０１３年度の県民総所得は4兆１２１１億円で、復帰時に比べ8・2倍に伸びた。米軍雇用者

所得は496億円、軍用地料は832億円で、軍関係受取は2088億円。県民総所得の5・1%にとどまり、県経済に占める基地関連収入の比重は低下している。

沖縄のあるべき将来像を描き、県政運営の基本構想として県が10年に策定した「沖縄21世紀ビジョン」は、軍関係受取を基地面積で割ると1平方キロメートル当たり9億円程度になると計算している。平均的な土地の生産性は16億円程度であるのに対し不効率だとした上で、「軍関係受取の比重の低下により、その動向が県経済全体を大きく左右することはなくなった」と指摘した。

春節の大型連休で沖縄を訪れた観光客。2016年2月、那覇空港国際線ターミナル

3Kのうち、県経済の柱に成長したのが観光産業だ。1972年に44万4千人だった観光客数は、2014年度に717万人になり、観光収入は324億円から5341億円へと大幅に伸び、16・5倍に増えた。

観光収入は1978年度以来、軍関係受取を上回り続けている。

2013年度の値で比べると、軍関係受取2088億円に対し観光収入は

県民所得に占める基地関連収入の割合

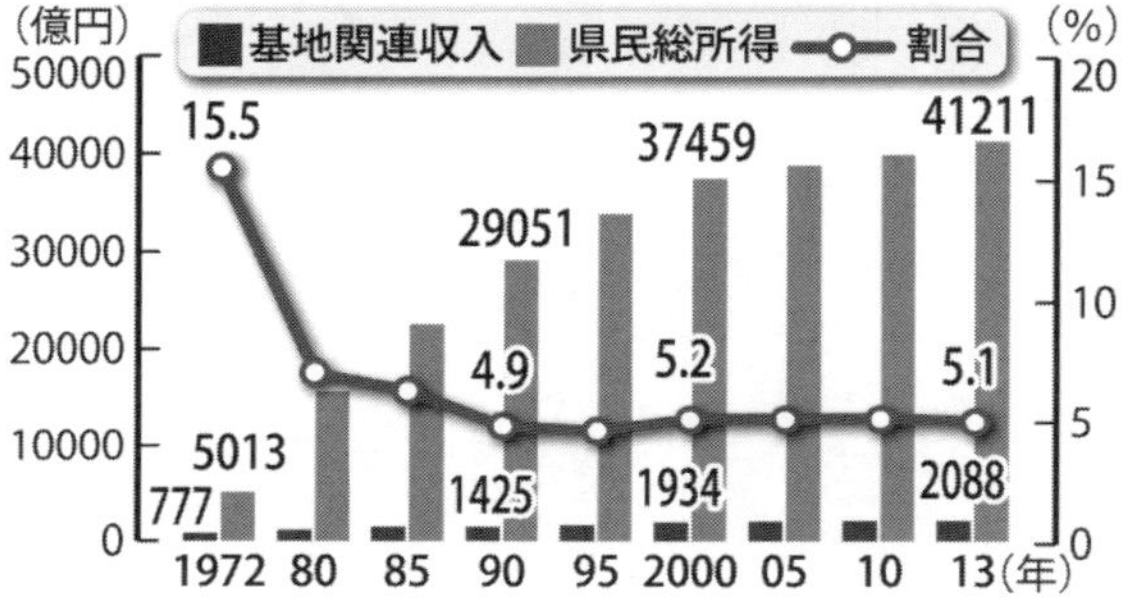

4479億円で2倍以上になる。

さらに、外国人観光客も急増している。2008年度に20万人を超え、14年度には98万6千人が訪れた。

沖縄県参与の富川盛武沖縄国際大名誉教授は、15年度に来沖した外国人観光客の県内消費額を2325億6800万円と試算する。関連産業への生産誘発効果は4011億6700万円、雇用効果は6万1319人で、外国人観光客の経済効果だけをみても基地関連収入を上回ると指摘する。

観光に加え、情報通信産業も伸びている。2014年度の情報通信関連(IT)企業は720社、生産額は3974億円で、軍関係受取の2倍近い。基地関連収入をしのぐ、新たな産業が育っている。

フォロー
アップ

経済効果、基地返還で急増

沖縄県が2015年1月に公表した米軍基地返還後の跡地利用に関する最新の調査を見ると、人口の集中する沖縄本島の中南部地域では、米軍基地がいかに経済発展の阻害要因になってきたか、その一端を知ることができる。

旧米軍アワセゴルフ場跡地に開業したイオンモール沖縄ライカム。2016年4月、北中城村

那覇市の「新都心」「小禄金城」と北谷町の「桑江・北前」の3地区の活動による直接経済効果は、返還前の89億円から返還後には2459億円と、28倍に増えている。

活動による直接経済効果とは、返還前では軍用地料、基地従業員（軍雇用員）の所得、米軍関係者の消費支出や国からの基地周辺整備費、基地交付金など、返還後では跡地に進出した卸・小売業、飲食業、サービス業、製造業の売上高、不動産賃貸額などから算出している。

新都心地区の195・1ヘクタールでは、大型商業施設のほか、県立博物館・美術館などの公共施設を整備。直接経済

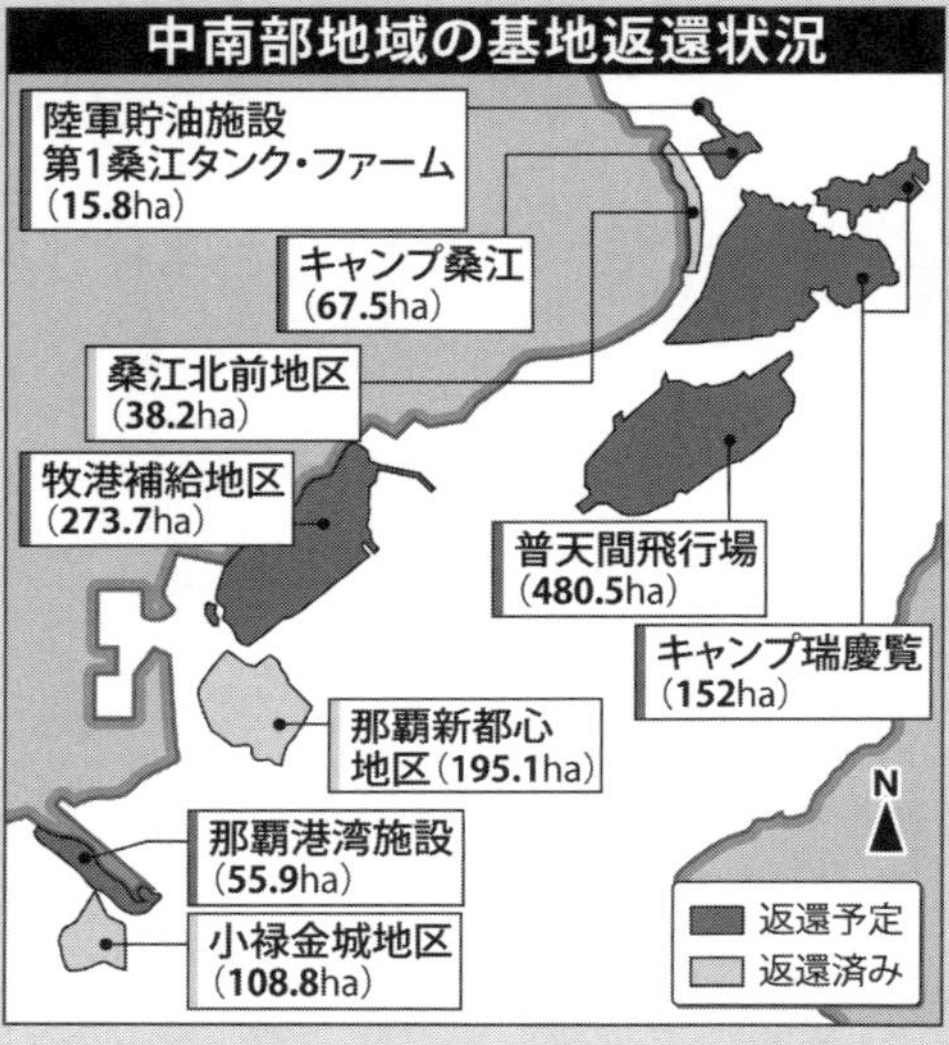

返還駐留軍用地の経済効果

単位：億円／年	返還前	返還後	倍率
那覇新都心地区	52	1634	32倍
小禄金城地区	34	489	14倍
桑江・北前地区	3	336	108倍

効果は返還前の52億円から１６３４億円と32倍、生産誘発額は57億円から１６２４億円と28倍、誘発雇用人数は４８５人から１万６４７５人と34倍、税収効果は６億円から１９９億円と31倍に伸びた。

　小禄金城地区の１０８・８ヘクタールでも大型商業施設や住宅が並び、直接経済効果は34億円から４８９億円と14倍、生産誘発額は30億円から４８２億円と16倍、誘発雇用人数は２５７人から４８８５人と19倍、税収効果は１億５千万円から59億円と36倍に伸びた。

飛行場や射爆撃場が返還された桑江・北前地区の38・2ヘクタールは、若者の人気スポットに生まれ変わった。直接経済効果は3億円から336億円と108倍の伸びで、突出する。生産誘発額は3億円から330億円と110倍、誘発雇用人数は25人から3377人と135倍、税収効果も4千万円から40億円になるなど、大幅に増えている。

返還予定駐留軍用地が返還後の活動による経済波及効果（試算）

		返還前	返還後	倍率
キャンプ桑江	生産誘発額	44	334	8倍
	所得誘発額	11	85	8倍
	誘発雇用人数	351	3409	10倍
	税収効果	5	41	9倍
キャンプ瑞慶覧	生産誘発額	119	693	6倍
	所得誘発額	30	208	7倍
	誘発雇用人数	954	7386	8倍
	税収効果	13	88	7倍
普天間飛行場	生産誘発額	130	3604	28倍
	所得誘発額	35	928	26倍
	誘発雇用人数	1074	34093	32倍
	税収効果	14	430	32倍
牧港補給地区	生産誘発額	224	2675	12倍
	所得誘発額	57	670	12倍
	誘発雇用人数	1793	24928	14倍
	税収効果	24	316	13倍
那覇港湾施設	生産誘発額	28	1076	38倍
	所得誘発額	7	275	38倍
	誘発雇用人数	228	10687	47倍
	税収効果	3	130	42倍

※生産誘発額（億円／年）、所得誘発額（億円／年）、誘発雇用人数（人）、税収効果（億円／年）

返還予定駐留軍用地の経済効果（試算）

単位：億円／年	返還前	返還後	倍率
キャンプ桑江	40	334	8倍
キャンプ瑞慶覧	109	1,061	10倍
普天間飛行場	120	3,866	32倍
牧港補給地区	202	2,564	13倍
那覇港湾施設	30	1,076	36倍

さらに2015年4月に開業した北中城村・旧米軍アワセゴルフ場地区のイオンモール沖縄ライカムは県内最大の売り場面積を持ち、県経済をけん引する勢いだ。

日米両政府が2013年4月に返還時期などを大まかに定めた米軍嘉手納基地より南の施設・区域の統合計画について、県は15年1月、返還された場合の経済効果を試算した。宜野湾市の全面積の4分の1を占める普天間飛行場（約481ヘクタール）では、活動による直接経済効果が返還前の120億円に比べ、3866億円と32倍に増えると見込む。

返還後の施設、基盤などの整備による直接経済効果は公共、民間を含め、5027億円。活動による経済波及効果を返還前後で比べると、生産誘発額が130億円から3604億円と28倍、誘発雇用人数が1074人から3万4093人と32倍、税収効果が14億円から430億円と32倍に増えると試算している。

ただ、普天間の返還時期は「22年度またはその後」とされるが、米政府が日米両政府は県民の多くが反発する「辺野古移設」を条件としており、返還の行方は不透明になっている。

そのほかの施設・区域の活動による直接経済効果をみると、キャンプ桑江（84ヘクタール）が40億円から334億円と8倍、キャンプ瑞慶覧（現段階で152ヘクタール）が109億円から1061億円と10倍、牧港補給地区（274ヘクタール）が202億円から2564億円と13倍、那覇空港に近い那覇軍港施設（56ヘクタール）が30億円から1076億円と36倍に伸びると算出している。

誤解だらけの沖縄基地

■10■

沖縄振興は「基地の見返りで莫大」なのか？

——基地ゆえの特例なし、一括交付金で総額増えず

「沖縄は戦後、予算漬けだ」——２０１５年６月25日、自民党本部で、作家の百田尚樹氏を招いた勉強会で、自民の若手国会議員はこう発言した。

「日本政府も事実上は基地の存続とひきかえに、莫大な振興資金を沖縄県に支出している」——帝国書院は高校の現代社会の教科書にこんな記述も載せ、訂正申請をした。

基地の見返りに沖縄が膨大な予算を得ている——こんな言説が広がっている。本当なのか。

沖縄に予算を拠出しているのは、内閣府沖縄担当部局（旧沖縄開発庁）だ。

１９７２年の本土復帰に伴い、戦後27年間の米軍統治下で社会資本整備が遅れたなどの「特殊事情」に配慮し、格差是正のため立法された沖縄振興開発特別措置法が、予算措置の根拠となった。法律には米軍基地があることが理由とは、一言も書かれていない。

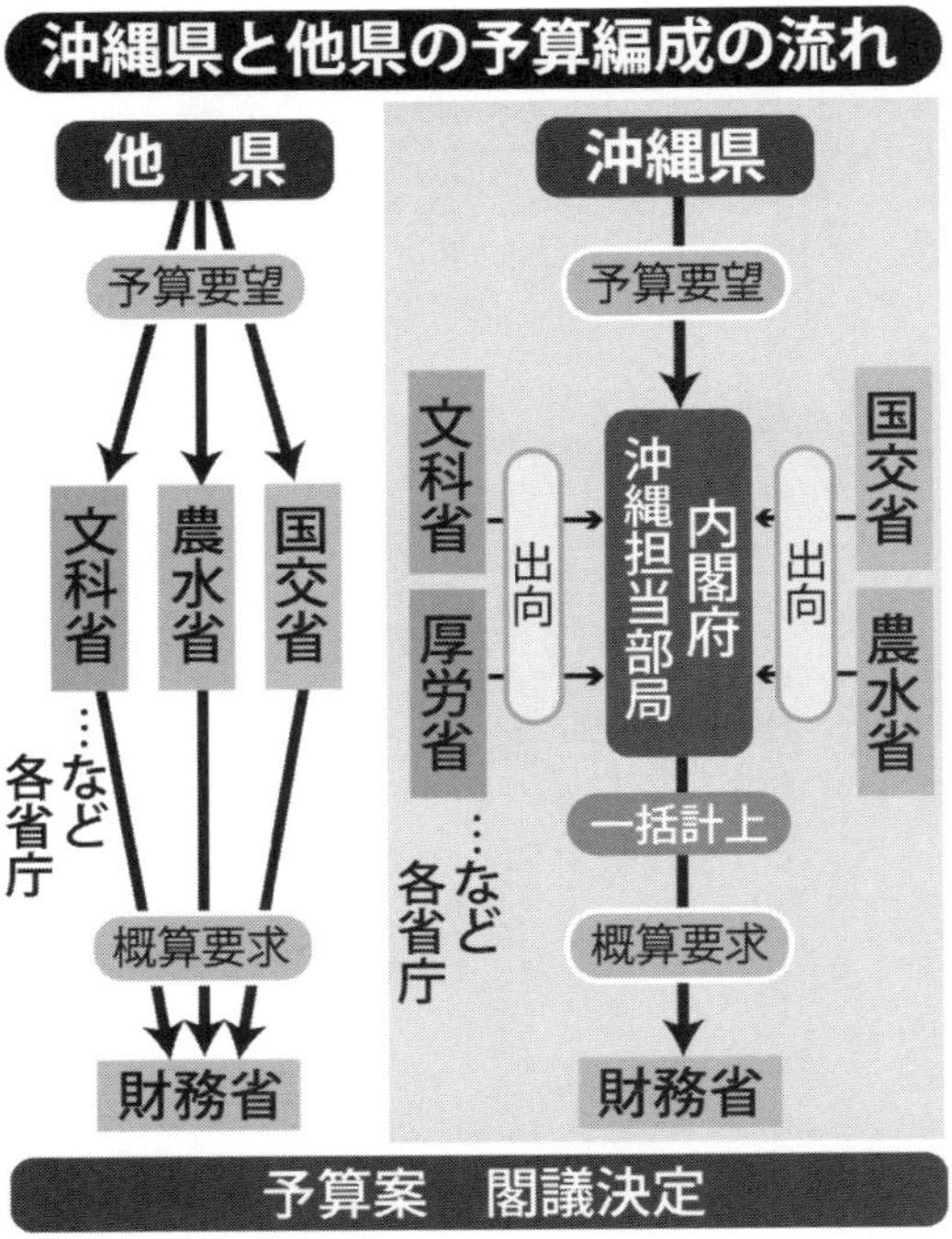

公共事業で高率補助（最大95％）の特例措置はあるが、沖縄だけに別枠で予算を措置しているわけではない。特例的な予算は沖縄振興一括交付金だが、基本的な特徴は予算使途の自由度を高めていることで、予算総額は一括交付金の導入前とほぼ変わっていない。

本土との格差が縮小した近年は、沖縄振興の性格付けも変化している。

政府は2012年5月、沖縄振興基本方針を策定し、序文にこう記した。「沖縄の持つ潜在力を存分に引き出すことが、日本再生の原動力にもなり得る」沖縄経済の活性化が日本の経済成長を支えるエンジンになる——というのが振興の理由であり、ここにも「基地の見返り」という発想は見当たらない。

かつての自民党国会議員の心中には、沖縄振興に別の動機付けがあった。

「沖縄県民への『償いの心』をもって、事に当たるべきである」

復帰前年の1971年。第67回臨時国会（通称・沖縄国会）で、沖縄開発庁初代長官の山中貞則衆院議員は、沖縄関係法案の趣旨をこんなふうに説明した。

沖縄戦から復帰までに県民が歩んだ苦難の道のりに思いをはせ、沖縄振興に当たる――これが戦中派議員の原点だった。

「おれは沖縄に行けないんだ。県民に申し訳なくてな……」。翁長雄志知事は後藤田正晴元官房長官から、こんな心情を吐露されたことがある。

山中氏、後藤田氏に加え、普天間飛行場の返還を決断した橋本龍太郎元首相と、橋本氏を支えた梶山静六元官房長官。沖縄サミットを決断した小渕恵三元首相。「償いの心」を持つ議員は次々と鬼籍に入った。

基地問題の戦後史に詳しい沖縄国際大学の前泊博盛教授は、こうした経緯を踏まえて指摘する。

「安倍晋三首相、菅義偉官房長官ら現政権の幹部は『償いの心』どころか、沖縄への愛情のかけらもない。むしろ、いつまで沖縄戦の話をしているのか、というスタンスで沖縄側との協議に臨んでいる」

その上で「政治家は沖縄振興の原点として『償いの心』を持ち続けるべきなのだが、現政権の中枢にいる幹部たちには、戦中・戦後からの歴史認識が決定的に欠如している」と問題視している。

フォローアップ

沖縄予算、一括計上で誤解

沖縄関係予算は、国から県への補助金や那覇空港の第2滑走路整備などの国直轄事業の総額で、年末に次年度の額が決まる。他の都道府県分の予算は各省庁の予算に組み込まれるが、沖縄関係予算は内閣府が一括計上するため、全体を把握しやすい。一方で、他と同じように予算をもらった上で、さらに沖縄分を上乗せしているといった誤解を招くことがある。

沖縄振興特別措置法（沖振法）で予算の配分方法や高率補助などを定めている。２０１６年度の総額は約３３５０億円。そのうち、自主的な選択に基づいて事業を実施できる「沖縄振興一括交付金」に１６１３億円、社会資本の整備、学校施設の耐震化など公共事業関係費として１４２３億円を計上した。

他の都道府県の場合、国土交通省や農林水産省などに要請し、各省庁が全体の予算を財務省に要望。その中から各都道府県に「個所付け（予算配分）」するのが特徴で、総額は公表されない。これに対し、沖縄の場合、内閣府に沖縄の予算を担当する部局があり、沖縄分の予算をまとめて一括計上する。沖振法は本土との格差是正、沖縄の経済的自立が当初の目的で、「基地の見返りの振興策」という見方は当てはまらない。

誤解だらけの沖縄基地

■11■

他県より予算をもらい過ぎているの？

——公的支出と基地の相関性なし

「有史以来ないというくらいの気持ちの予算。いい正月になるなというのが実感だ」

２０１３年12月25日、当時の仲井真弘多知事は、官邸で安倍晋三首相との面談後、記者団に語った。21年度まで沖縄振興予算３千億円台を確保する、と政府が約束したことを指す。

米軍普天間飛行場の名護市辺野古移設で、知事が埋め立てを承認するかどうかに注目が集まっていた時期だ。知事は都内の病院に入院し、腰の治療を続けながら、菅義偉官房長官ら政府幹部と非公開で面会を重ねていた。

首相との面談の2日後、埋め立てを承認した。全国メディアでは、沖縄振興予算と埋め立て承認の判断を絡めるような報道が目立った。

承認そのものと、「いい正月」発言が尾を引く形で、仲井真氏は翌２０１４年11月の知事選で、

■2011年度の類似県の公的支出額、財政依存度、1人あたりの公的支出

	公的支出額	全国順位	公的依存度	全国順位	1人あたりの公的支出額（万円）	全国順位	米軍専用施設面積（千㎡）	全面積に占める割合（%）
秋田県	1259426	32	36	8	117	9	0	0
和歌山県	1173106	37	32.8	14	115	10	0	0
鳥取県	706844	47	40.4	3	120	6	0	0
島根県	961539	40	41.1	2	135	2	0	0
高知県	939469	42	43.5	1	124	4	0	0
徳島県	931704	43	32.8	15	119	7	0	0
長崎県	1554284	26	35.1	10	108	16	4691	1.5
宮崎県	1181387	35	33.5	13	103	20	0	0
鹿児島県	1921225	18	35.9	9	113	11	0	0
沖縄県	1515039	27	39.8	4	105	18	228072	73.8
10県平均	1213402	—	37.1	—	116	—	—	—
全国平均	2515894	—	28.5	—	99	—	—	—

翁長雄志氏に大差を付けられ落選した。

翁長氏は選挙期間中、「県民の誇りと尊厳を取り戻す」と強調した。県内では「基地と振興はリンクしない」「沖縄経済は基地に依存していない」という認識が広まっていたが、「いい正月」発言で「県民の誇りと尊厳が崩れ落ちるような無念さがあった」と感じたからだ。

国から沖縄への財政移転は、社会保障費や公共事業費などの国庫支出金と、地方交付税を合わせると7330億円で全国14位、人口1人当たりに換算すると51万8千円で全国6位となり、「基地があるからもらいすぎ」とは言えない。

また、国や県、市町村の機関への公共サービス提供のために必要な人件費、物件費といった「政府最終消費支出」と、公共事業費にあたる「公的総固定資本形成」を足した「公的支出額」や、公的支出額を県民総所得で割った「財政依存度」などを、地方自治体の財

政力を示す「財政力指数」の近い類似県と比較した指標もある。

11年度の沖縄の公的支出額は実数で1兆5150億円の全国27位。類似県の和歌山、宮崎、鹿児島、長崎、徳島、秋田、鳥取、高知、島根と比べると、鹿児島の18位、長崎の26位より少ない。財政依存度は39・8％で、高知、島根、鳥取に次いで全国4番目の高さ、1人当たりの公的支出額では105万円で全国18位に位置する。

長崎以外に米軍基地はなく、基地と公的支出の相関性を探すのは難しい。

沖縄国際大学の宮城和宏経済学部長は、沖縄関係予算の制度や構造が誤解を招く要因の一つではないか、と考える。

そして、次のように指摘した。

「一括交付金を含む国庫支出金は特定財源で、政府のさじ加減で左右できる。基地への協力姿勢が予算に影響しているような仕組みを生み出し、政府がそれを利用しているようにも映る」

フォローアップ

財政配分、優遇されず

沖縄は他の都道府県に比べ、国からの財政配分で優遇されているのか。

沖縄県の2014年度決算の歳入をみると、総額7385億8775万円のうち、自主的に徴収でき、使い道が限定されない地方税収入は1118億9535万円だった。歳入全体に占める割合は15・1%で、全国平均の26・8%を下回る。

全国平均を100として人口1人当たりの税収額を都道府県別に比べると、沖縄は65・1で全国最小、最大の東京都166・5と約2・6倍の格差がある。

こうした税収差があっても、自治体が全国で一定水準の行政サービスを提供できるように国が支出するのが地方交付税だ。


沖縄県の資料によると、13年度決算ベースで県の地方交付税は3593億円になる。多くの復興予算が投じられた岩手、宮城、福島の3県をのぞく都道府県で15位となる。

国からは他に、生活保護や公共事業など使い道が決められている国庫支出金も交付される。沖縄関係予算の一部を含めた国庫支出金は3737億円で全国11位だ。地方交付税と国庫支出金を合わ

財政移転額の都道府県順位

2013 年度決算ベース（都道府県・市町村分合計額）

※岩手、宮城、福島を除く順位

		人口1人当たり
地方交付税	3,593億円（全国15位）	25.4万円（全国17位）
国庫支出金	3,737億円（全国11位）	26.4万円（全国1位）
地方交付税＋国庫支出金	7,330億円（全国14位）	51.8万円（全国6位）

せると７３３０億円で、全国14位になる。人口１人当たりに換算すると51万８千円で全国６位となる。

１位の島根県は69万３千円、２位高知県は64万円、３位鳥取県は57万５千円で、国の予算が沖縄だけに過分に配分されているわけではないことが分かる。一方、国税として国に納めた額は、人口１人当たり19万１千円で全国30位。

沖縄への予算配分と国税収納額の全国順をみても、沖縄がバランスを欠いて必要以上に優遇されているとはいえない。

国は沖縄に対して過度に優遇しているか？

――「予算もらい過ぎ」は当たらず

2016年4月22日、東京・霞が関。名護市辺野古への新基地建設を巡り、総務省の第三者機関「国地方係争処理委員会」で、翁長雄志知事が意見陳述した。その中で沖縄関係予算に触れ、「多くの国民は、国から予算をもらった後に沖縄だけさらに3千億円を上乗せしてもらっていると誤解している」と指摘して、こう訴えた。

「真実とは異なる風説が流れるたびに、沖縄県民の心は傷ついていく。都道府県で、国に甘えているとか甘えていないとか言われるような場所が他にあるだろうか」

沖縄関係予算は1972年の本土復帰を機に、米軍統治下で整備の遅れた教育や医療、道路などを他の都道府県と同じ水準にするために始まった。通常の予算に上乗せされるわけではなく、国が他県へ事業費などを支出するのと同じ趣旨の予算だ。他県は各省庁から予算配分されるのに対し、沖縄は内閣府の沖縄担当部局に一括計上する制度をとっているため総額が明らかになる。道路や港

沖縄関係予算の推移　（単位：億円）

	年度	内閣府沖縄予算額	沖縄振興事業費	国税収納額
第1次沖縄振興計画	1972～1981	13,819	12,483	6,049
第2次沖縄振興計画	1982～1991	22,281	20,149	17,145
第3次沖縄振興計画	1992～2001	37,275	34,639	25,095
沖縄振興計画	2002～2011	28,301	24,910	26,080
小　計		101,676	92,181	74,369
21世紀ビジョン計画	2012～2016	16,639	※14,708	☆8,328
合　計		118,315	106,889	82,697

出所：内閣府と国税局の資料から宮田裕氏が作成
※は一括交付金含む。　☆は 2012 ～ 2014 年度まで。

湾整備、学校耐震化、子どもの貧困対策のほか、不発弾処理などにも使われる。

では、沖縄はどのぐらいの金額を国からもらっているのか。

内閣府の沖縄総合事務局調査官を務めた宮田裕・沖縄国際大経済環境研究所特別研究員によると、１９７２年度から２０１６年度までの振興事業費は計10兆６８８９億円となる。一方、72年度から２０１４年度までに所得税、法人税、酒税など沖縄から国に納めた税金は８兆２６９７億円である。02～11年度でみると、国税収納額が

1170億円上回る。

宮田氏は「国へ支払った額を考えると、沖縄が過度にもらいすぎているとはいえない。振興予算は〝真水〟ではない」と説明する。

一方で、復帰から40年以上が過ぎ、本土との社会資本の格差は縮まったものの、「経済的自立には至っていない」と指摘する。

県内総生産は、復帰時の4592億円から2012年には3兆8066億円と8・3倍に拡大した。対照的に、地域経済を支える製造業はしぼみ、県内総生産に占める割合は10・9％から4・5％に低下した。

宮田氏は、本土復帰が遅れたことや米軍基地問題を背景に、「沖縄は経済問題を政治で語ってきた」と振り返る。

ユニバーサル・スタジオ・ジャパンの沖縄進出計画が国主導で進められたように、本来は競争原理が働くべきことも「振興策」として政治色を帯び、結果として市場競争に勝つための企業戦略や分析力がそがれてしまったのではないかとみている。

県が国に期間延長を求める沖縄関係の税制特例措置に関しても、「特例措置の効果が得られているか検証するなど企業努力の跡が見えてこない」と指摘し、さらに「政治力学ではなく、沖縄の地理的優位性を生かして市場競争に自ら勝ち抜く経済力を育てることが必要だ」と話した。

本土復帰から45年、格差是正から自立経済へどう転換するか。沖縄の覚悟も問われている。

誤解だらけの沖縄基地

■13■

基地の地主はみんな年収何千万円？

――地料１００万円未満が半数超

「基地の地主さんは年収何千万円なんですよ、みんな」――２０１５年６月、自民党若手議員の勉強会で、ベストセラー作家の百田《ひゃくた》尚樹氏が主張した。

「ですからその基地の地主さんが六本木ヒルズとかに住んでいる、大金持ちなんですよ」と言葉を続け、「もし基地が出ていってしまったらえらいことになるんですね。今まで毎年入っていたお金がなくなりますからね」とも述べた。

あたかも米軍や自衛隊に土地を提供している地主は、〝長者〟ぞろいで基地の返還に反対していると受け取れる発言だ。

本当だろうか。

沖縄県が２０１３年３月に発表した「沖縄の米軍基地」の11年度軍用地料の支払額別所有者

軍用地料の金額別の割合（2011年度）

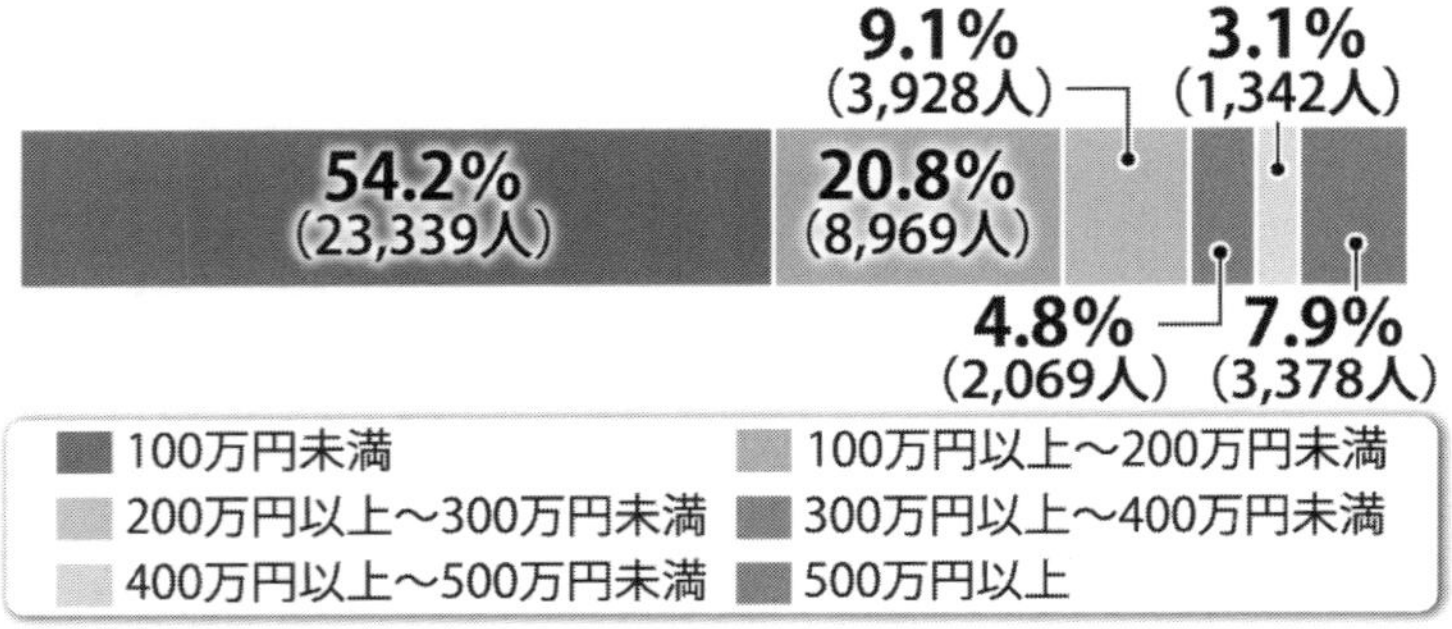

数（米軍・自衛隊基地）によると、地主4万3025人のうち、100万円未満の地主が全体の54・2％に当たる2万3339人で最も多い。

次いで100万円以上～200万円未満が8969人で20・8％を占め、200万円未満の割合が75％に上る。500万円以上は3378人で7・9％。百田氏の発言とは大きくかけ離れているのが実態だ。

「どういう認識でこの発言が出たのか理解できない」と、県軍用地等地主会連合会（土地連）の眞喜志康明会長（69歳）は百田氏の発言に疑問を呈する。

土地連によると、市町村分を引いた地料の総額約800億円を会員数約4万2千人で割っても、平均ではおよそ200万円である。地主の皆が何千万円というにはほど遠い、と強調する。

眞喜志会長は1953年に発足した土地連の成り立ちを念頭に、「地主の皆さんが戦後収容されている間に自分たちの土地を取られたのが、そもそもの始まりだ」と指摘する。

百田氏のいう〝みんな〟ではないが、地料額が1千万円以上の人もいる。眞喜志会長は「それはもともと先輩方、ご先祖様がしっかりと確保していた土地だ。それについて（地料が）多すぎるとかどうだとか、そういう議論ではないでしょう」と訴える。

県内外に約3千人の会員がいる一坪反戦地主会の比嘉宏事務局長（63歳）も憤りをみせる。「もともと住んでいた土地を奪われ、別の生活をせざるを得なかった人たち。そんな理不尽なことを言われる筋合いはないだろう」

比嘉事務局長は百田氏の「普天間飛行場はもともと田んぼの中にあった」などの一連の発言を振り返り、「歴史的経緯はどうでもよいという強権的な姿勢が透けて見える」と語った。

フォローアップ

日本のフロントランナー

安倍晋三首相が議長を務める経済財政諮問会議では、2013年の経済政策の指針「骨太の方針」で初めて沖縄を取り上げて、「日本のフロントランナーとして21世紀の成長モデルとなり、日本経済活性化のけん引力となるよう国家戦略として沖縄振興策を総合的、積極的に推進する」と明記した。

民主党政権だった2012年5月策定の「沖縄振興基本方針」の序文で、「沖縄の持つ潜在力を存分に引き出すことが、日本再生の原動力になり得る」と示しており、安倍政権でも踏襲したことになる。

日本とアジアの中心に位置する沖縄の地理的優位性や増加する県内人口、外国からの観光客や投資の伸びなど、沖縄がポテンシャル（潜在性）を生かし、経済発展することで日本経済の再生につながるという考え方で、沖縄県の目指す方向と重なる。

沖縄振興開発特別措置法は1972年5月15日の日本復帰に伴い、沖縄戦や米施政権下での遅れを取り戻し、本土との格差是正を実現することを目的にスタートした。

また、国土面積の０・６％の沖縄に、在日米軍専用施設面積の約74％が集中する特殊事情も考慮する内容だった。

10年単位で延長、そして再延長を重ね、２００２年4月には、従来の名称から「開発」という言葉が消えて、「沖縄振興特別措置法」に変わった。インフラ整備からソフト施策重視への転換を打ち出した。

さらに10年以上をへて、沖縄関係予算は米軍基地の見返りではなく、「日本経済をけん引するためだ」という考えを、沖縄県と政府は共有している。

米軍普天間飛行場に飛来するＦＡ 18 戦闘攻撃機

Ⅲ章　こんな誤解、あんなデマ

誤解だらけの沖縄基地

■14■

「辺野古」反対運動は日当制？

——交通費・弁当代も自己負担

辺野古新基地建設の反対運動に、若い男性3人が手伝いに来たことがあった。様子が違うと感じた参加者の女性が「お給料もらえると思ってる？」と聞くと、「はい」。お金は出ない、と伝えるとばつが悪そうに帰っていった。

「反対運動で日当が出る」という神話は、かなり浸透している。

ネット掲示板ではこんな具合だ。

「朝から酒を飲み、弁当をもらって日当2万円（中略）有名な話です」——宮古島市議は議場で同様の発言をした。

「実際に来てみればいいのに」と、島ぐるみ会議バスで沖縄県庁前からキャンプ・シュワブゲート前に通う女性（75歳）は言う。毎回、日当どころか乗車のため千円払う。1日おきに来るので月1万5千円になる。

女性の収入は年金など月平均で9万円ほどだ。家賃3万4500円や食費を引くと余裕はない。そこで選んだのがガスを止めることだった。夏は水のシャワー、冬は電気ポットで少しのお湯を沸かして体を拭く。食事も電子レンジや炊飯器だけで工夫している。

なぜそこまで、と尋ねた。

「両親を戦争で亡くし、戦後も苦労した。新しい基地ができて、新しく苦労する人が出るのは嫌だから」――昔に比べれば、今の苦労は何でもないと笑った。

名護市で反対運動を続けてきた市民団体、ヘリ基地反対協議会。連日、辺野古漁港そばのテント村に通う共同代表の安次富《あしとみ》浩さん（69歳）にも聞いた。行動費は月1万円。あとはガソリンの現物支給を受ける。ただし、1万円は連絡の携帯電話代に消えてしまう。

行動費は他に毎日の役割が決まっている中心メンバー数人に出ているだけだという。

安次富さんは「個人負担が大き過ぎると運動が続かない。なるべく穴埋めしたいけど、それも一部しかできていない。まして、運動でもうけるなんて考えられない」と話す。

海上行動のメンバーや、ゲート前のテントに泊まり込むメンバーの食費はヘリ基地反対協が負担している。

「これだって海に沈められたり、寒い思いをしたりする人々へのせめてもの気持ち。弁当のためにこんな難儀をする人がどこにいますか。新基地を造らせない、その思いだけで集まっている」

弁当を注文した人の名前を確認し、代金を受け取る大城博子さん（右）。2016年2月、名護市の米軍キャンプ・シュワブゲート前

一方、昼間のゲート前では弁当も自己負担だ。県庁前発の島ぐるみ会議バスの車中では、大城博子さん（64歳）が毎日注文を取り、手配している。1個350円、17個なら5950円。個数ごとの合計金額を暗記してしまったという。

代金を受け取り、弁当を手渡しながら言った。「日当、弁当付きなんて、うそも百回言えば本当になってしまうんでしょうか。ただ事実を知ってほしい」

島ぐるみ会議バスは2016年9月から週2回、辺野古を経由して米軍ヘリパッド建設問題に揺れる東村高江まで足を伸ばすようになった。

辺野古よりさらに遠いため、参加費は千円から1500円に上がった。それでも、手弁当の市民が毎回数十人単位で乗り込んでいる。

誤解だらけの沖縄基地

■15■

反対運動の資金源は中国？

――海外からの寄付は欧州の1件のみ

「辺野古基金によって中国からの工作資金が公然と辺野古移転妨害勢力に流れるのでは」

「中国は、この団体に介入すべく、資金提供や現地の中国シンパを送り込んだといいます」

辺野古新基地の反対運動をめぐって、ネット上で根強いのが、中国が米軍を追い出すために支援しているといううわさ。

そこで辺野古への新基地建設に反対する辺野古基金に聞いてみた。

「中国政府や関係機関から振り込みを受けたことはありますか？」

事務局長代行として会計を預かる松田寛さん（66歳）は、「あればもっといろんなことができるんだけどねえ」と大笑い。海外から唯一の送金事例を振り返った。

それはヨーロッパに住む日本人女性からの申し出だった。ただ、国境を越えるお金の移動には、マネーロンダリング（資金洗浄）でないことなどの証明が必要だ。

　女性との間で煩雑なやりとりがあり、やっと数万円の寄付を受け取った。松田さんは「中国から巨額の資金を受け取るにはどんなルートがあるのか。想像もつかない」と話す。

　2017年2月1日までに集まったのは6億7655万円（10万9349件）。1件平均5557円で、ほとんどが個人の小口寄付だ。

　「年金暮らしですが、お正月に息子からいただいたお年玉カンパします」「84歳、（中略）最後の募金になるかと思い、がんばりました」――このような手紙も届く。

　松田さんは「お金に寄付者の思いが詰まっているからこそ、管理は厳格にしている。帳簿類で見せられないものは何もない」と胸を張る。

　税理士に監査してもらい、決算はネット上で公開している。

　名護市で運動を続けるヘリ基地反対協議会にも、カンパが寄せられる。辺野古漁港そばのテント

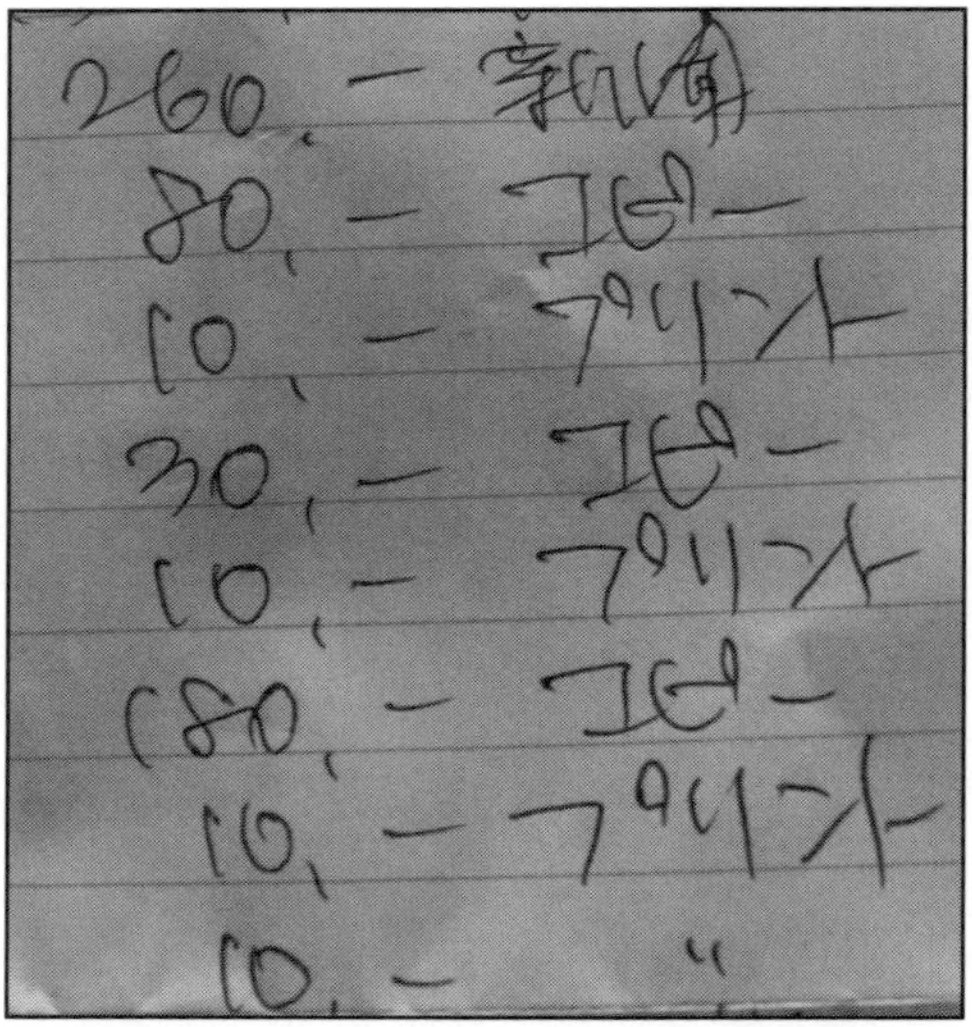

小さな支出まで記入されたヘリ基地反対協議会の帳簿

には、10年以上毎月通って5千円を寄付する男性、貯金箱を持った子どもが訪れる。新宿駅西口からはホームレスの人のお金、米兵が通うクラブからはドル札もまじる。

会計を担当する篠原孝子さん（52歳）は、やはり中国からのお金を受け取ったことはないと言う。「事実じゃないことを言われても、言い返しようがない」と困惑する。

潮風が吹くテント内では、カンパで買った保温ポットがすぐさびてしまう。毎日洗って、最後は底が抜けるまで使っている。帳簿も10円のコピー代、１３０円の新聞代など全てを細かく手書きで記入していく。

「なけなしのお金から、精いっぱいの額をカンパしてくれているのが伝わってくる。大事に使わないといけないでしょう」

篠原さんはかつて一緒に闘っていたリーダー、故金城祐治さんの言葉を大切にしている。

「貧乏人には貧乏人なりの闘い方がある」

誤解だらけの沖縄基地

■16■

「辺野古賛成」の民意を示した沖縄の選挙はあるか？

――「容認」公約の当選者はゼロ

「先の宜野湾市長選では、（辺野古移設）支持派が勝利した」

２０１６年２月３日の米上院軍事委員会の公聴会で、米シンクタンク戦略国際問題研究所のマイケル・グリーン上級副所長は、こう明言した。

名護市辺野古への新基地建設を推進する自民党本部が支援した佐喜真淳氏の当選を理由に、日米両政府内ではグリーン氏と同様の見解が流布されている。

ネット上では「沖縄の民意は辺野古賛成だと示された」との書き込みまである。

果たして事実なのだろうか。

実は、日米が現行のＶ字形滑走路案で合意した２００６年から10年間、「政府案容認」を公約に掲げて沖縄で当選した知事、関係市長、国会議員は一人もいないのが実態だ。

06年1月の名護市長選では、後に辺野古移設を推進する島袋吉和氏が当選したが、選挙では政府案（当時は沿岸案）に「ずっと反対していく」と強調していた。

新基地建設に伴う「埋め立て承認」に踏み切った前知事の仲井真弘多氏も、06年の知事選では「現行案のままでは賛成できない」との立場で当選、10年知事選では「県外移設」を掲げて再選された。島袋氏は10年の名護市長選に政府案の条件付き容認で出馬し、反対する稲嶺進現市長に敗北した。稲嶺氏が再選出馬した14年市長選では、対立候補の末松文信氏が辺野古移設を推進する考えを鮮明にしたが、敗れた。

仲井真氏も14年の知事選では初めて「政府案推進」で出馬したが、反対する現知事の翁長雄志氏に大敗した。

14年衆院選は、自民党県連が辺野古移設を容認してから初の国政選挙だった。沖縄4選挙区の自民現職は全員、前回選挙で「県外」を主張して当選していた。容認の立場で臨んだ結果、全員が選挙区で落選した。比例復活で何とか返り咲いた。

グリーン氏が言及した1月の宜野湾市長選も、当選した佐喜真氏は訴えを普天間飛行場の早期返還、危険性除去に絞り、辺野古移設の是非には一切、言及せず戦った。

沖縄の政治情勢に詳しい沖縄国際大学の佐藤学教授は、「近年、沖縄の大型選挙では、後に辺野古容認に転じる人も『民意は反対』と分かっているから、選挙で争点隠しをするという現象が繰り返されている」と指摘する。公約で辺野古新基地建設の賛否をあいまいにしたり、選挙戦の時点で

宜野湾市長選で再選された佐喜真淳氏（中央）。選挙中、辺野古移設の是非には言及しなかった。2016年1月24日

は反対を主張したりすることを指している。

一方で「明確に辺野古新基地建設を容認したり、推進したりする主張を掲げて出馬した候補はすべて落選している」と分析する。

稲嶺恵一元知事は1998年、02年の知事選で辺野古移設を容認したが、当時は「15年使用期限」「期限後は軍民共用空港とする」という条件付きの容認であり、無条件で移設を受け入れてはいなかった。さらに、この条件は06年に政府がV字案で合意した際、一方的に「廃止」され、稲嶺県政は政府案反対に転じた経緯がある。

佐藤氏は、こう強調する。「少なくともV字案で日米が合意した06年以降、沖縄の選挙で辺野古新基地建設容認の民意が示されたことは一度もない」

誤解だらけの沖縄基地

■17■

国と対立する沖縄は「生意気」か？

――すべての国策には反対せず

「地方のくせに国に逆らうとは何事か」

「金をもらいながら、基地に反対するのはおかしい」

米軍普天間飛行場返還に伴う名護市辺野古の新基地建設で、国と県の対立が激化する中、翁長雄志知事や沖縄県民に対して、「生意気だ」といった主張が平然と飛び交う。

２０１４年の名護市長選や知事選、衆院沖縄選挙区などで示した、「辺野古新基地建設反対」という民意の実現を目指す民主主義としての当然の在り方、国と地方の対等な関係の上に成り立つ地方自治の趣旨、基地を押し付けられてきた沖縄の歴史、日本全体で安全保障の負担を分かち合うという基本的な認識――。

全国の注目を浴びる翁長雄志知事が14年12月の就任以来、繰り返してきた言葉だが、沖縄への無関心なのか、臭い物にふたをする感覚なのか、県外では沖縄の基地問題が、民主主義や地方自治の

裁判での和解を受け、翁長雄志知事（右）と会談するため沖縄を訪れたものの、まず米海軍兵の暴行事件について遺憾の意を伝える中谷元・防衛相＝2016年3月27日、沖縄県庁

文脈で議論されることはほとんどない。

「普天間」や「辺野古」は、沖縄問題の象徴になっている。ただ、すべてではない。

例えば、面積では、県内の米軍基地全体は約2万2900ヘクタール、普天間飛行場は480ヘクタールで、たったの2％だ。

東京ドーム102個分の普天間飛行場がそっくりそのままなくなっても、極東最大の嘉手納基地や米国外で唯一のジャングル訓練施設である米軍北部訓練場、原子力潜水艦の補給基地となっている海軍ホワイトビーチなど32施設、東京ドーム4770個分の基地が県内に残る。

たとえ辺野古の新基地建設問題が解決しても、沖縄では東村高江の集落を取り囲むヘリパッド建設や那覇軍港の浦添移設にも反対意見が多く、また米軍関連の事件・事故、航空機騒音、環境汚染などは絶えることなく、沖縄の基地問題は山積している。

翁長知事は２０１５年12月のインタビューで「（普天間の早期返還、辺野古移設反対の）一点に絞ってやっている。五つも六つも抱えることは、なかなか簡単ではない」と、他の問題に手を付けられない複雑な心境を吐露した。

つまり翁長知事は現段階で、沖縄にある全基地の撤去を求めているわけでも、国の施策のすべてに反対しているわけでもない。「これ以上の負担を受け入れるわけにはいかない」と、たった２％にすぎない土地の返還を県内移設の条件なしで認めてほしい、と訴えているだけだ。

しかも、普天間飛行場は71年前の沖縄戦で軍事占領され、使われてきた土地だ。

「奪った土地に基地を造り、そこが老朽化したから新しい土地をよこせ。嫌なら代わりの案を出せ、というのは理不尽で、政治の堕落だ」と翁長知事は言う。

それが、「生意気」なのだろうか。

琉球大学で26年間教壇に立った江上能義早稲田大学大学院教授（政治学）は、東京の学生の間でも「普天間飛行場が返還されれば、沖縄の基地の３割が減る」「さらなる振興予算をもらうために辺野古新基地建設に反対している」といった、沖縄に関する誤解やデマが広がる現状に危機感を示す。

「学生たちの出発点は『基地のある沖縄』だ。なぜ基地が集中しているのか、その歴史を含め、詳細を知らない。だから沖縄に基地は必要、金をもらっているからしょうがないという発想から抜けきれない。政府や官僚はそういった国民の感情、意識を巧みに利用していないか」と江上氏は言葉を継いだ。

さらに「沖縄から正しい情報を発信する機会、反論する機会を多く持つべきだ、と考えるが、それは沖縄側に求めるべきことだろうか、という迷いもある。

小さな島に、あまりにも多くの基地負担を押し付けていることを理解しても、『基地で潤っている』『中国の脅威があるから、沖縄に基地は必要』と聞くと、深く調べることもなく、受け入れてしまう。それは、沖縄に過重負担を強いている自分たちの責任から逃れ、罪の意識を薄れさせる理由を探しているだけではないか。沖縄側ではなく、受け取り手が変わらなければ、問題は解決しない」――そう感じるようになったという。

2016年7月の参院選沖縄選挙区で、現職の島尻安伊子沖縄担当相が、辺野古新基地建設に反対する野党候補に敗れて以降、政府はこれまで封じてきた「基地と振興」のリンク論をちらつかせるようになった。全国的な議論は広がらず、沖縄県知事の苦悩、地方が政府と対峙する困難さばかりが目立っている。

誤解だらけの沖縄基地

■18■

キャンプ・シュワブは地元が誘致した?

――米軍の強権に選択肢なく

「キャンプ・シュワブは辺野古区が誘致した」という言説がある。

大抵の場合、だから「新基地も積極的に誘致している」「地元が賛成なのだから、沖縄は新基地を認めるべきだ」と続く。

「誘致でも強制でもない。昔も今も」と語るのは、保守系の元名護市議で辺野古に生まれ育った島袋権勇さん（67歳）だ。新基地に絡む歴史論争に少し疲れた様子だ。

シュワブの土地使用契約が結ばれたのは、１９５６年である。当時を知る長老を訪ねて資料を集めて、「辺野古誌」（１９９８年発行）に経緯を記録した。

米軍は１９５５年、広大な土地接収を久志村（現名護市）に通告した。村議会や辺野古区総会が反対を決議し、村長も反対を陳情した。しかし、米軍側の態度は強硬だった。

辺野古区のハーレーに参加した米兵。2015 年 6 月

「もしこれ以上反対を続行するならば、部落(住宅)地域も接収地に線引きして強制立ち退き行使も辞さず、しかも一切の補償も拒否する」(辺野古誌)

絶対の権力を誇った米軍を前に、区は交渉に応じるほかなかった。

区長ら5人を交渉役に選び、「銃剣とブルドーザー」による強制接収があった宜野湾村(当時)伊佐浜も視察した。余剰電力と水道の供給、適正補償など、条件を付けて接収を容認することになった。

折しも、土地接収に反対する「島ぐるみ闘争」の真っ最中だった。瀬長亀次郎さん、安里積千代さんら革新系の大物立法院議員も「水を差す」と辺野古の説得に訪れたが、拒絶した。

島袋権勇さんは「先輩方は相当腹をくくって、団結して地域の利益を守った」とみる。辺野古新基地をめぐる今の動きと「状況は似ている」と言いつつ、念を押した。
「誘致じゃなくて、条件付きの容認だ」と。

もう一つ、辺野古区とキャンプ・シュワブとの友好関係も「新基地建設の絶好の候補地」とする理由に挙げられることがある。

10班まである区が、キャンプ・シュワブを「11番目の班」と認めて班旗を授与している。米兵が住民と共に綱引きやハーレーといった地域行事に参加する姿は、特に本土の人からは驚きを持って見られる。

だが、地元に住む島袋利治さん（75歳）の見方は違う。区長や保守市政の収入役、名護市軍用地等地主会の会長を歴任したが、「戦後、軍に対する感情は決していいものではなかった」と振り返る。
「基地が来たからには、ただ反目し合っては利益がない。事件をなくすためにも、感情的にも、うまく付き合う方がベター。生活の知恵だ」

友好的だから新基地もという見方には、「ふに落ちない」と語った。

誤解だらけの沖縄基地

■19■

キャンプ・ハンセン返還延期要求は「基地依存」か？

――「2段階返還」は地域を分断

「基地からのお金がないと困るから返還に反対している」――米軍キャンプ・ハンセンの一部返還が決まり、名護市の稲嶺進市長が返還期限の延長を求めると、インターネット上にはこうした書き込みがあふれた。

名護市は「基地依存」で「基地を使い続けてほしい」と言っているのか。

キャンプ・ハンセンの一部返還は、4市町村にまたがる計5118ヘクタールのうち、名護市の東シナ海側斜面の162ヘクタールを返すというもの。1976年7月7月の日米安全保障協議委員会で了承されたが、これまでに3度、返還が延期された。傾斜地で跡地利用が難しいと訴える歴代市長や地元住民の訴えが配慮された経緯がある。

162ヘクタールはほとんどが市有地で、喜瀬、許田、幸喜の3区にまたがる。日米合同委員会は2013年9月、幸喜区の55ヘクタールは14年6月末、喜瀬区と許田区の残り107ヘクタール

当時の武田局長（左）に米軍キャンプ・シュワブの返還期限の延長を求める稲嶺市長（右）。2013年9月6日、嘉手納町・沖縄防衛局

は17年6月末、と2段階で返還する内容で合意した。

合意を受け、稲嶺市長は沖縄防衛局に武田博史局長（当時）を訪ね、返還期限の延長を要請した。

名護市に限定した返還で、地形的にも跡地利用が難しく、さらに段階的な返還は3区間に差異が生じるため混乱を招く――といった理由からだった。

ところが、ネット上では「基地に反対しているのにカネは欲しい」「基地収入が手放せないからだ」といった書き込みが相次いだ。本当にそうなのか。

確かに、キャンプ・ハンセンがあることで、市には軍用地料として1億3千万円が入り、そのうち4割は3区に分収金として配分される。

しかし、名護市の14年度の基地関連収入は約25億円（うち軍用地料は約21億円）で、一般会計歳入の6・7％しかない。キャンプ・ハンセンに市有地を賃貸して得る軍用地料1億3千万円が財政に与える影響は微々たるもので、「金目当てで使い続けてほしいと言っている」という見方は当てはまらない。

それどころか、稲嶺市長は要請当時、「いつまでも米軍に提供するわけにはいかない」と断言している。

一部返還をめぐって、市が最も問題視しているのは、2段階で返すという3区を分断する〝手法〟だ。許田区と喜瀬区は11年9月、ハンセンの継続使用を求める要請文に米軍普天間飛行場の辺野古移設を支持する文言を盛り込み、沖縄防衛局に提出した。幸喜区だけは辺野古移設と絡めた要請文に反対意見が続出し、要請しなかった。

2段階の返還に、市議会与党系議員や地元住民は〝辺野古の踏み絵〟と批判を強め、分収金を受け取れなくなった地域にはしこりが残った。

名護市企画部の仲宗根勤参事は、「許田、喜瀬、幸喜は三共地区と呼ばれるつながりのある地域。一部返還には跡地利用の問題もあるが、何よりおかしいのは地域を分断した返し方だ」と話した。

Ⅳ章　沖縄の基地をめぐる誤解

誤解だらけの沖縄基地 ■20■

オスプレイは本当に高性能なのか?

——運用率１%、事故率は41倍

開発に30年近くを要した米海兵隊の垂直離着陸輸送機ＭＶ22オスプレイは、宜野湾市の普天間飛行場に２個飛行隊、計24機が配備されている。

開発段階から事故が多発し、米国内では「空飛ぶ恥」（タイム誌）、とまで言われた。そのため、２０１１年に具体的な配備計画が示されて以降、仲井真弘多前県政から、沖縄県は一貫して県内への配備反対を表明している。

日米両政府は12年9月19日の日米合同委員会で、「高度な能力を持つオスプレイの沖縄配備は、国際の平和、安全の維持に寄与する」と覚書を締結した。そして県民の反発や懸念にかかわらず、同年10月に、配備を強行した。

ＭＶ22は物資や人を運ぶ輸送を任務として、海兵隊はＣＨ46ヘリコプターの後継の「次期主力輸

性を訴えてきた。

防衛省はＣＨ46に比べ、速度2倍、搭載能力3倍、行動半径4倍と優れた性能を有すると説明する。固定翼と垂直離着陸の機能を併せ持ち、在日米軍全体の抑止力が強化されると沖縄配備の必要性を訴えてきた。

事故率の高さが注目を集めてきたオスプレイであるが、実際に海兵隊の主力輸送機となり得たのか。

米海軍安全センターが公表した海兵隊航空機のアフガニスタンでの運用状況で衝撃的な数字が出た。10～12会計年度に当地へ配備したオスプレイの飛行時間は計７２３・6時間で、ヘリ機能を持つ6機種のうち、運用率が1・02％と極端に低かったのだ。「主力」と呼ぶには首をかしげるような実態が浮かび上がった。

一方で、その期間のオスプレイのクラスＡ～Ｄの事故は計8件。10万飛行時間当たりの事故率に換算すると、戦闘機などを含めた全12機種平均の約41倍と突出している。90・4時間に1件の割合で発生したことになる。

２０１5年5月のネパール地震の復旧支援では、被災地の建物の屋根がオスプレイの下降気流で吹き飛んだとされる。実戦配備後も気流に機体が巻き込まれ着陸に失敗したり、墜落したりする事故がアフガニスタン以外でも起きている。

排気口から熱風を出しながら離陸するオスプレイ。2015年5月、米軍普天間飛行場

米国防研究所（ＩＤＡ）の元主任分析官でオスプレイの専門家、レックス・リボロ氏はアフガニスタンでの運用率の低さは「事故発生への懸念」が理由の一つとみて、「実戦で使い物にならなかったことを立証した」と厳しく評価する。

リボロ氏はオスプレイが本来の目的のために使えないと強調して、報告書の中で、アフガニスタンでの飛行時間が、海兵隊の保有数２５０機のオスプレイが７２３時間、保有数１５０機のＵＨ１Ｙヘリが１万６千時間以上と、その差が歴然であることに着目する。

戦地での任務遂行機能に大差がない場合、より安全なヘリが使用されていることを示した。その上で、「海兵隊は今後、給油のできない長距離飛行など、オスプレイの利点を生かすことのできる特別任務を除き、オスプレイの大半を退かせるのではないか」との見通しを語った。

米航空専門誌「アビエーション・ウィーク」は他の機種に比べ、オスプレイの点検周期が短いことを指摘している。

オスプレイの危険性を追及する市民団体「リムピース」の頼《らい》和太郎編集長は、「点検、整備の周期が短いのは不具合が多いから。使い勝手が悪く、部隊から信頼されていない」と語った。

一方で、16年4月の熊本地震の支援で、普天間飛行場のオスプレイが導入された。自衛隊のヘリコプターに余力が残る中での使用に、「下降気流の少ない自衛隊のＣＨ47ヘリコプターの方が災害救助には優れた能力を持つ。一刻を争う急患輸送ならともかく、なぜ物資輸送でオスプレイが必要だったのか、理解に苦しむ」「危険性のイメージを払しょくするためのデモンストレーションだ」と、専門家からも疑問が噴出した。

フォローアップ

オスプレイ墜落事故――安全神話の崩壊

2012年9月19日、当時の森本敏防衛相と玄葉光一郎外相は首相官邸で記者会見し、「オスプレイの運用の安全性は十分確認された」と述べた。米軍がMV22オスプレイを普天間飛行場へ配備する約10日前、日本政府による「安全宣言」だった。

オスプレイは開発段階から事故が相次ぎ、米国内でも「空飛ぶ恥」（タイム誌）と揶揄されるほど、安全性が問題視されてきた。しかし、日米両政府はあくまでも「安全」と「有用性」を繰り返してきた。

2011年に具体的な配備計画が公表されて以降、一貫して沖縄県は配備反対を訴えたが、防衛省はCH46に比べ、速度2倍、搭載能力3倍、行動半径4倍と優れた性能を有すると説明した。固定翼と垂直離着陸の機能を併せ持ち、在日米軍全体の抑止力が強化されると、沖縄配備の必要性を訴え、危険性を否定した。

沖縄への配備前の12年4月と6月にモロッコ、フロリダで墜落事故を起こしたが、米側は原因を「人的要因」として機体の欠陥を否定した。県民の不安の声はかき消され続け、オスプレイは強行的に普天間へ配備された。

名護市安部の海岸に墜落し大破したオスプレイ。2016年12月14日午後3時24分

配備から約4年たった16年12月13日、県民が恐れていた事故が県内で起きた。オスプレイの墜落だ。給油訓練中のオスプレイがホースをプロペラに当てて損傷、飛行バランスが取れなくなり、名護市安部の海岸に墜落した。集落からわずか1キロで、「ついに起きたか」と、県民に衝撃が走った。

さらに、墜落機と給油訓練していた別のオスプレイが同じ日の夜、普天間飛行場に胴体着陸事故を起こした。日本側には事故の事実は知らされず、県が一報を知ったのは報道だった。

この2件の事故でも、米軍は即座に機体の構造的な問題を否定した。そして、在沖米軍トップのニコルソン四軍調整官は、「県民や住宅に被害を与えなかったことは感謝されるべきだ」と、抗議に訪れた副知事を逆に批判し、わずか6日後に飛行を再開した。

沖縄県が求めた原因究明や飛行停止などは一顧だにされず、日本政府も米軍の方針を追認した。

だが、日米両政府の「安全」との見解に、専門家は疑問を投げかける。国防研究所（IDA）でオスプレイの主任分析官を務めたリボロ氏は沖縄タイムスの取材に、「オスプレイの構造上、この種の事故は予測されていたが防止策がなかった。再発する恐れは高い」と、機材固有の問題だと指摘した。事故機は制御不能となった結果墜落したと分析した上で、「陸地上空を飛行していたら、間違いなく陸地に墜落していた」と、民間地に被害が及ぶ可能性に言及した。

オスプレイは名護市での墜落事故直前の16年12月6日、宜野座村城原区の民家上空でつり下げ訓練を実施した。米軍北部訓練場の返還条件となったヘリパッドは、12月22日に東村高江区を取り巻くように完成した。

沖縄県側が飛行ルートの変更などを訴えても、米側の「運用」で聞き入れられないのが現状だ。危険にさらされる沖縄の軍事的負担は増す一方だ。

誤解だらけの沖縄基地

■21■

１９９９年の辺野古受け入れ表明は今も生きているのか？

――地元条件を外して閣議決定

名護市辺野古の新基地建設に反対する翁長雄志知事の就任から４カ月が過ぎた２０１５年４月５日、菅《すが》義偉官房長官は那覇市内のホテルで初めて翁長知事と向き合い、辺野古移設の正当性を強調した。

「１９９９年に当時の知事と名護市長の受け入れ同意を得て、辺野古移設を閣議決定した経緯がある」

菅氏はその後も東京での記者会見などで、「地元の同意」が辺野古移設を進める根拠と、何度も繰り返している。

15年９月、翁長氏がスイス・ジュネーブの国連人権理事会で、米軍基地の集中が県民生活に大きく影響しており、辺野古新基地建設には反対する、と演説した直後も、日本政府代表部の嘉治美佐子大使が発言を求め、こう打ち消した。

「99年に知事と市長の同意を得ている」

本当にそうだろうか。

当時の知事や名護市長は受け入れを表明する際に、いくつもの条件を付けたが、何一つ満たされていない。政府はこの事実に触れず、受け入れ同意したという都合の良い解釈だけを、国民世論や国際社会に広めている。

翁長知事は反論する。

99年の稲嶺恵一知事は辺野古に建設する飛行場を、米軍と民間が共同で使用する「軍民共用」とすることや、15年の使用期限を設定することを条件とした。岸本建男名護市長はさらに地域振興のほか、夜間早朝飛行の制限など基地使用に関する協定の締結、日米地位協定の改定といった七つの条件を付した。両氏は「条件が満たされなければ受け入れを撤回する」と突きつけた。政府はその実現に取り組む方針を99年12月に閣議決定している。

ところが、2006年5月1日、辺野古沿岸にV字形滑走路を造る現行計画に日米で合意した後、日本政府は5月30日、県や名護市と十分な調整のないまま、99年の閣議決定を廃止し、新たな方針を閣議決定した。「軍民共用」や「使用期限」など県や名護市の要望は、その中から消えた。

翁長知事は15年5月の安倍晋三首相との会談などで、「(99年閣議決定が廃止され)知事や市長の前提条件がなくなったことで、受け入れ同意もなくなった。地元が受け入れたという表現は間違いだ」と伝えている。

1999年の辺野古受け入れ表明をめぐる主な動き（肩書は当時）

1996年4月12日	日米両政府が普天間飛行場の５～７年以内の全面返還を発表
12月2日	ＳＡＣＯ最終報告に「沖縄本島東海岸沖」に普天間代替施設と明記
97年12月21日	名護市民投票で条件付きを含む反対が過半数を占める
99年11月22日	稲嶺恵一知事が名護市辺野古沿岸域を普天間の移設先と発表
12月27日	岸本建男市長が七つの条件付きで辺野古移設受け入れを表明
12月28日	政府が普天間代替施設は軍民共用空港を念頭に整備をはかるなど、県や名護市の条件を盛り込んだ方針を閣議決定
2006年4月7日	キャンプ・シュワブ沿岸部にＶ字形滑走路を建設する現行計画に政府と島袋吉和名護市長が基本合意
5月1日	２プラス２で在日米軍再編最終報告に合意
5月11日	県と防衛庁が「在日米軍再編に係る基本確認書」に署名
5月30日	閣議決定で99年閣議決定の「政府方針」を廃止
10年1月24日	名護市長選で辺野古移設反対の稲嶺進氏が初当選
11月28日	県知事選で仲井真弘多氏が県外移設を公約に再選
13年3月22日	沖縄防衛局が辺野古移設に向けた公有水面埋め立て申請書を県に提出
12月27日	仲井真知事が埋め立て申請を承認
14年11月16日	県知事選で新基地建設阻止を掲げる翁長雄志氏が初当選
15年4月5日	菅義偉官房長官が翁長知事との会談で「1999年に当時の知事と名護市長が辺野古移設を受け入れた」と発言
4月17日	翁長知事が安倍晋三首相との会談で「99年の受け入れ同意は06年の閣議決定で前提条件が崩れた」と反論
10月13日	翁長知事が辺野古沿岸の埋め立て承認を取り消し

当事者はどう考えているのだろうか。

稲嶺氏は「(政府の主張は) 事実関係が違う。都合の良いところだけを残している印象がある」と渋い表情を見せる。稲嶺氏は98年の知事選で自民、公明、経済界の支援を受け、辺野古移設に反対していた現職の大田昌秀氏を破り、当選した。

稲嶺氏も、06年の閣議決定で受け入れの条件や同意はなくなり、新たな協議がスタートしたという認識だ。その際、稲嶺氏は額賀福志郎防衛庁長官（当時）とV字形滑走路の現行計画を基本に「協議」することを確認したが、「合意」したわけではないと見解を示していた。

民主党政権だった10年1月、普天間の移設先を検討していた政府・与党の「沖縄基地問題検討委員会」は、「(06年の) 基本確認では、県と政府が現行計画で合意した、とまでは言い切れない」と認めている。防衛省は「当時の政府としては、両氏が基本確認書にサインしたから合意と思っている。しかし、稲嶺氏が違うと言っているので、１００％合意とまでは言えない」と説明していた。

稲嶺氏は「生きているのは99年の受け入れ同意ではなく、(06年の) V字案に県は合意していない事実だ」と語った。

V字案を受け入れた島袋吉和前名護市長は、10年1月の市長選で辺野古移設反対を掲げる稲嶺進氏に市長の座を明け渡した。「県外移設」を公約に当選しながら辺野古沿岸の埋め立てを承認した仲井真弘多前知事も、14年11月の知事選で翁長氏に敗れている。

翁長氏は「今の沖縄の圧倒的な民意は、選挙で示されたように辺野古新基地反対だ」と捉えている。

■当事者インタビュー■

宜野湾市の米軍普天間飛行場を名護市辺野古へ移設する計画で、１９９９年に受け入れを表明した元知事の稲嶺恵一氏（82歳）と、故岸本建男名護市長を支えた元助役の宮城常吉氏（80歳）が沖縄タイムスのインタビューに応じた。

両氏は２００６年の閣議決定で受け入れ条件が取り消されたことで、「振り出しに戻った」と指摘する。受け入れ表明を根拠に、現在の辺野古新基地建設を正当化する政府に対し、「都合の良い解釈だ」と疑問を投げかけた。

❖元沖縄県知事・稲嶺恵一氏
06年閣議決定で99年閣議決定は取り消された

――政府は１９９９年の受け入れ表明を移設の根拠にする。

「この問題は非常に難しい。よほどじゃないと理解できない」

――受け入れに条件を付けた。

辺野古新基地建設問題で、県知事だった当時の県と政府の見解について語る稲嶺恵一元知事。浦添市・りゅうせき本社

「県民の6割が辺野古移設に反対する中、現実的に問題を解決するため、県民の合意できるギリギリの案を考え、軍民共用と使用期限の条件を付けた。重視したのは固定化を避けること、県民の財産として北部の振興に役立てることだ」

――岸本建男市長は条件が満たされなければ、受け入れを撤回すると語っていた。

「僕もそう考えていた。政府とも意思確認した。99年閣議決定で、県と市の条件は全部受け取ってもらえたと考えている」

――米軍再編でV字形滑走路を建設する計画に決定した。2006年5月の閣議決定で1999年閣議決定は取り消された。

「本来なら、受け入れの条件がなくなったわけだから、僕と岸本市長の受け入れ同意もなくなり、新たな計画に基づいて話し合いを始めたことになる」

――Ｖ字案に名護市は基本合意し、県は基本確認書に署名する形にとどめた。

「地元が合意、経済界も早期解決を期待しており、県は四面楚歌となった。１００％反対できる環境ではなくなった。県内で分裂しないよう政府案を基本に協議するという玉虫色の文言を入れた。確認書は政府ではなく、県が作った」

――県は現行のＶ字案に合意しなかった。

「いっぺんもしていない。民主党政権だった２０１０年1月に政府も認めている。僕ではなく、政府が言っている。これが全てだ。政府との協議で、県は現行計画を認めず、固定化を避けるため、将来的に県外移設することを視野に暫定へリポート案を提示した。詰めることなく、06年末に知事の任期を終えた」

――政府は１９９９年の受け入れ表明を根拠にしている。

「99年に条件付きで受け入れたのは事実だ。しかし、政府ははっきり言えないだろうが２００６年閣議決定で受け入れ同意はなくなり、新たな協議が始まった。県はその新たな案に合意せず、政府もそれを認めた。なのに都合の良いところだけ残している印象がある」

――現在は名護市も県も反対、状況が変わった。

「県民の意識が変わった。当時は、ある意味で基地を背負うことをやむを得ないと思い、容認せざるを得なかった。現実的な対応として軍民共用、使用期限を条件にした」

「鳩山由紀夫元首相が『最低でも県外』を掲げたことで、県民の考えはより現実的になった。つまり普天間の県外移設は理想や希望で実現の可能性は低いと考えていた人たちが、日本の代表が県外移設を明言したことで自分たちが考え過ぎだったと認識した」

――鳩山さんの発言で県民のマグマが噴き出した。

「あの瞬間、噴き出したと言えるのではないか。世論調査で辺野古移設反対6割と数字は同じでも考え方の質が変わった。政府が本気でやればできる、と思うようになった」

――翁長雄志知事の就任以降、県と政府の対立は激化している。

「壊すのは簡単だが、築くのは難しい。一番大事なのは国民の理解を得るためにどうするか。僕は日米地位協定の問題で全国行脚した。共通点が多いから。政府はマジョリティーの意向に沿わないことには動かない。マジョリティーの合意を得ることが課題だ」

❖元名護市助役・宮城常吉氏

国に都合良い解釈で公平さ欠く

――岸本建男市長の移設受け入れ表明を支えた。

「市長や部長たちと市内のホテルに缶詰めになり、受け入れ表明文を検討した。最初の文案は市長が示した」

――七つの条件付きだった。

「国、県、市による施設計画の協議機関、15年使用期限、飛行ルートを定める基地使用協定など、今から振り返ると超高度な要求だった。市長の口癖だった『住民生活に著しい影響を及ぼさない』点も盛り込んだ。表明後、国の高官がこのくだりについて『これでは何もできない』と困っていたのをよく覚えている」

――市長がわざと高いハードルを設定し、できなければ受け入れを撤回するつもりだったという見方もある。

「そばにいたが、市長の胸の内は分からない。影響を減らそうという純粋な思いだったのかもしれない。いずれにしても、この条件をきちんと守っていたら基地なんて造れない。国がよくＯＫしたものだと思う」

――当時、国の姿勢をどう見ていたか。

「各省庁事務方トップの事務次

「現政権が寄り添うというのは言葉だけではないか」と語る宮城常吉氏。那覇市の自宅

官が代わる代わる市役所を訪れ、競うように振興策を提案してくれた。知恵を絞り、真剣にやってくれた」

——今、国は岸本市長の受け入れ表明を新基地建設推進の材料にしている。

「7条件がどう取り扱われて、どういう経緯で閣議決定が廃止されたのか、よく分からない。国の都合が良い所だけを取り出して議論するのは歴史から見てもフェアではない」

——安倍政権をどう見るか。

「佐賀県がオスプレイを拒否したら尊重して、沖縄では選挙結果を無視する。誰もが言うようにあからさまな二重基準、差別だ」

「岸本市長は受け入れ表明文で『米軍基地が安全保障に不可欠というのであれば、負担は国民が等しく引き受けるべきだ』と主張した。今回読み直して、翁長雄志知事と変わらないことに驚いた。当時も今も、沖縄は変わらず基地を押し付けられているということだ」

フォローアップ

基本確認書をめぐる国と県の認識の相違

沖縄県と名護市が米軍普天間飛行場の辺野古移設案を受け入れた１９９９年、稲嶺恵一知事は軍民共用と使用期限、北部振興、生活と自然環境への配慮の四つの条件、岸本建男市長はさらに日米地位協定の改善、基地使用協定の締結などを加えた七つの条件を付けた。政府は99年12月28日、条件を盛り込んだ政府方針を閣議決定した。

２００６年の在日米軍再編で、政府はキャンプ・シュワブ沿岸部の一部を埋め立て２本の滑走路をＶ字形に建設する現行計画を発表した。

同年４月に島袋吉和名護市長が基本合意した。稲嶺知事と額賀福志郎防衛庁長官は同年５月に基本確認書に署名、防衛庁は「県は政府案に合意した」と判断するが、稲嶺知事は即座に「まったく合意ではない」と反論した。

政府は06年５月30日、１９９９年の閣議決定を廃止し、Ｖ字形滑走路計画を基本とする新たな方針を閣議決定した。稲嶺氏や岸本氏の条件は消えた。稲嶺氏は十分な調整がなかった、と反発している。

政府は、15年12月2日に開かれた翁長雄志知事の埋め立て承認取り消しをめぐる代執行訴訟の中で、06年の閣議決定後、政府と沖縄県との協議会の中で（99年の閣議決定を廃止したことに対し）、「県側から異論がなかった」と説明した。

一方、06年の基本確認書をめぐる政府と沖縄県の認識の相違について、民主党政権時代の2010年1月、政府は「沖縄基地問題検討委員会」で、現行計画に「当時の政府と県が合意したとは言い切れない」との立場を初めて示している。

誤解だらけの沖縄基地
■22■

辺野古の飛行場は「新基地」なのか？

——機能を大幅に増強して恒久施設に

政府が名護市辺野古で建設を進めるＶ字形滑走路の飛行場施設は、立場によって呼称が異なる。容認する側は普天間飛行場返還に伴う「代わりの施設」、反対する側は「新基地」だ。

政府はこう説明する。

「既存のキャンプ・シュワブ陸上部と沿岸部１６０ヘクタールを埋め立てた土地に飛行場を建設する。普天間の４８０ヘクタールに比べ、面積では実質３２０ヘクタールの縮小になる。埋め立て部分は、もともと米軍への提供水域だから、沖縄の負担が増えることはない」

滑走路は２７００メートルから１８００メートルに短縮する計画だ。普天間で担ってきた３つの機能のうち、空中給油機はすでに山口県の岩国基地へ移転した。緊急時の外来機受け入れは本土移転が決まっており、辺野古の飛行場ではオスプレイやヘリの部隊運用だけにとどまる。

さらにシュワブ周辺に民家は少なく、住宅防音工事助成事業の対象は普天間周辺の１万世帯から

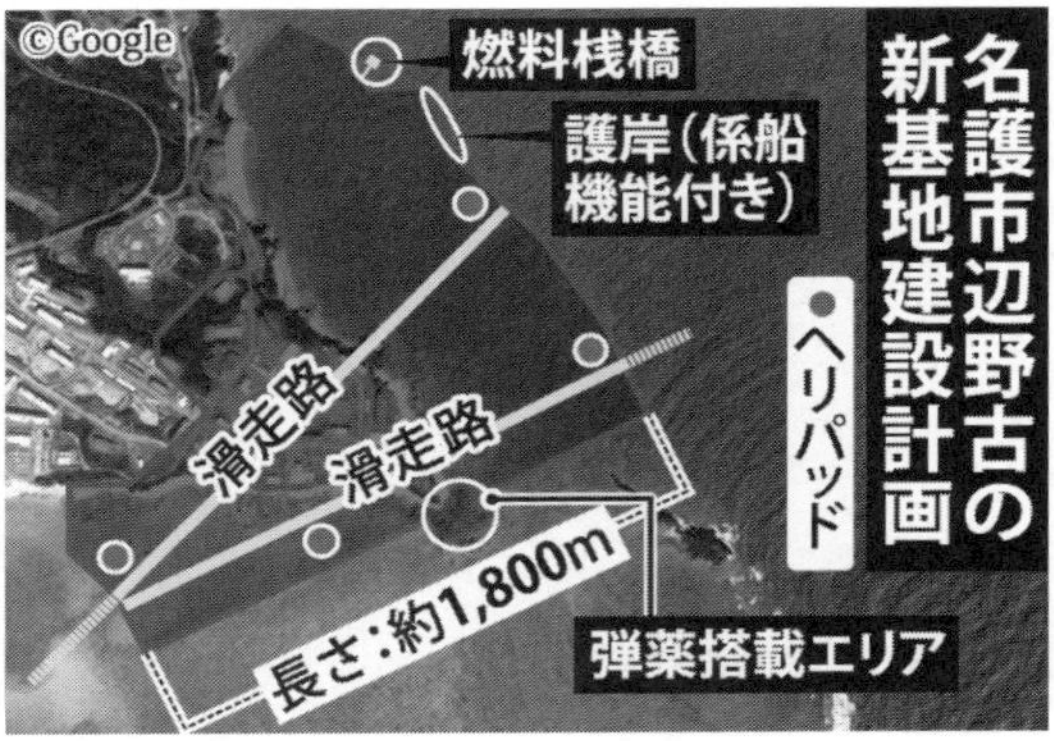

辺野古ではゼロ世帯になり、騒音被害は軽減される。

菅義偉官房長官らは「面積や機能が小さくなる」と主張し、「新基地ではない」との見方を繰り返す。インターネット上にも「既存基地に移すだけ」と、「新基地」に否定的な意見がある。

埋め立て、飛行場建設に反対する側の稲嶺進名護市長は「辺野古の海にも陸にも新たな基地は造らせない」、翁長雄志知事は「新基地建設阻止を県政運営の柱にする」など「新基地」と位置付ける。

理由は、現状の普天間にない新たな機能がいくつも加わるからだ。

飛行場の大浦湾側に整備予定の係船機能付き護岸は、全長２７１・８メートルで、オスプレイ搭載可能の長崎県・佐世保を母港とする強襲揚陸艦ボノム・リシャールが接岸できる「軍港」ではないか、と指摘がある。それとは別に、タンカーの接岸できる燃料桟橋も設ける。

弾薬搭載エリアも普天間にはない機能だ。現在のようにミサイルや銃弾を積み込むため、空軍嘉手納基地に移動する必要がなくなる。

陸上自衛隊航空部隊の元操縦士は「シュワブやハンセンに駐留する地上部隊と航空機が一体となり、さらに弾薬、艦船の受け入れを1カ所に集積できるなら、平時でも有事でも使い勝手は良くなる」と評価する。１９９６年の返還合意当初に話し合われた撤去可能な海上ヘリポート案や稲嶺恵一元知事らが求めた使用期限付きの飛行場に比べ、「恒久的な基地になるのは確実だ」と語る。

新基地について、森本敏元防衛相は著書の中で、オスプレイ１００機以上を配備ができるよう設計されていると明かしている。有事の際には常駐機以外の外来機の受け入れを想定しているのは間違いない。修繕次第で、耐用年数は１００年とも、２００年とも言われている。

新基地ができれば、米軍が簡単に手放すわけはない。自衛隊の共同使用も視野に入れているだろう。さらに埋め立て地は国有地になるため、私有地や県有地、市有地に比べ、土地利用に口出しできなくなる。

「戦後70年以上続いてきた沖縄の過重負担が、子や孫の代どころか、１００～２００年も続くことは耐えられない」――翁長知事や稲嶺市長はそう声を上げている。

さらに、辺野古の沖を埋め立て、３千メートル級の滑走路2本を持つ軍港機能付きの飛行場を建設する計画を、米軍は１９６６年の段階で持っていた。米設計会社が海軍へ提出した「マスタープラン」に、はっきりと描かれている。現行計画と照らし合わせると、共通点が多いことに驚く。

この計画について、67年に制服組トップの統合参謀本部議長が承認していたことが、機密解除された米公文書で示されている。軍部トップが認めながら、計画がとん挫したのは、政治的な理由からだ。

当時はベトナム戦争による国防費の肥大化や国際収支の悪化という米側の財政事情から、計画は立ち消えになったと考えられる。ただ、沖縄本島内に点在する海兵隊の基地を辺野古に集約し、地上部隊や艦隊と一体となった飛行場を軍部が当時から欲していた事実は明らかである。

米軍資料をめくり、「新基地問題」を調査してきた建築家の真喜志好一さんは、「沖縄の負担を軽減するという名目に、実際は米軍の安全基準に合わない、危険で老朽化した普天間を返し、60年代に見送った計画を実現させる意図がある。しかも、建設費は日本の予算だ」と批判する。

「沖縄戦で奪った土地に『本土爆撃用』として造った普天間飛行場と違い、現在の米海兵隊の求める機能をそろえた、全くの新しい基地だ。そんな都合のいい話に県民はだまされない。だから反発、抗議が強まり、工事が進まないことを認識すべきだ」と、政府の見解を否定した。

誤解だらけの沖縄基地

■23■

沖縄の負担軽減は進んでいるのか？

――嘉手納より南の6施設返還で0・7ポイント減

２０１５年12月4日、東京の首相官邸会議室で、キャロライン・ケネディ駐日米大使と菅義偉官房長官が並んで、米軍普天間飛行場（宜野湾市）と牧港補給地区（浦添市）の一部など、約7ヘクタールの返還に合意したと発表した。沖縄県内の米軍施設面積の０・03％にすぎないことを意識してか、ケネディ氏はこう切り出した。

「広範な計画の一部。完全に実施されると、空軍嘉手納基地より南の土地の68％が返還される」

人口の集中する嘉手納より南の6施設・区域の１０４８ヘクタールの返還は、大幅な負担軽減につながるという考えだ。

「68％」という数字は、菅氏ら日本側も頻繁に使う。

県幹部は早期返還を望む一方、「国民の誤解を誘う表現だ」と懸念し、さらに「沖縄戦などで強制的に奪った土地を返すのが負担軽減と言えるのか。しかも県内の他の施設に機能を移すなどの条件が多く、たらい回しという批判は免れない」と語る。

この6施設・区域のうち、普天間飛行場、那覇軍港、牧港補給地区などは20年前の日米行動特別委員会（ＳＡＣＯ）最終報告に盛り込まれた後、二転三転し、13年4月発表の統合計画でようやく返還の時期が決まった。

しかし、普天間は辺野古移設を条件に22年度、牧港は読谷村トリイ通信施設などへの移設を条件に25年度、那覇軍港は浦添移設を条件に28年度、いずれも「またはその後」と付記し、返還のめどを定めたと言いながらも、不確定要素を残す。

返還予定の１０４８ヘクタールは東京ドーム２２０個分の広さになる。嘉手納より南の米軍施設面積の68％を占めるが、県全体の米軍施設面積約２万３千ヘクタールに比べると「約４・５％」だ。嘉手納飛行場、嘉手納弾薬庫、ホワイトビーチ、キャンプ・ハンセン、シュワブ、米軍北部訓練場、伊江島補助飛行場など、嘉手納以北には広大な基地・区域が残る。

一方で、政府関係者は「沖縄の大動脈である国道58号沿いからフェンスを取っ払うことが大切」と、狙いを説明する。

つまり「負担軽減」の名の下で、老朽化や不要となった基地を目の届きにくい、人口の少ない嘉手納以北の地域に更新、集約し、使い勝手の良い基地を手に入れるという構図が見え隠れする。

では、１０４８ヘクタールが戻れば、在日米軍専用施設面積に占める県内の割合はどれほど減る

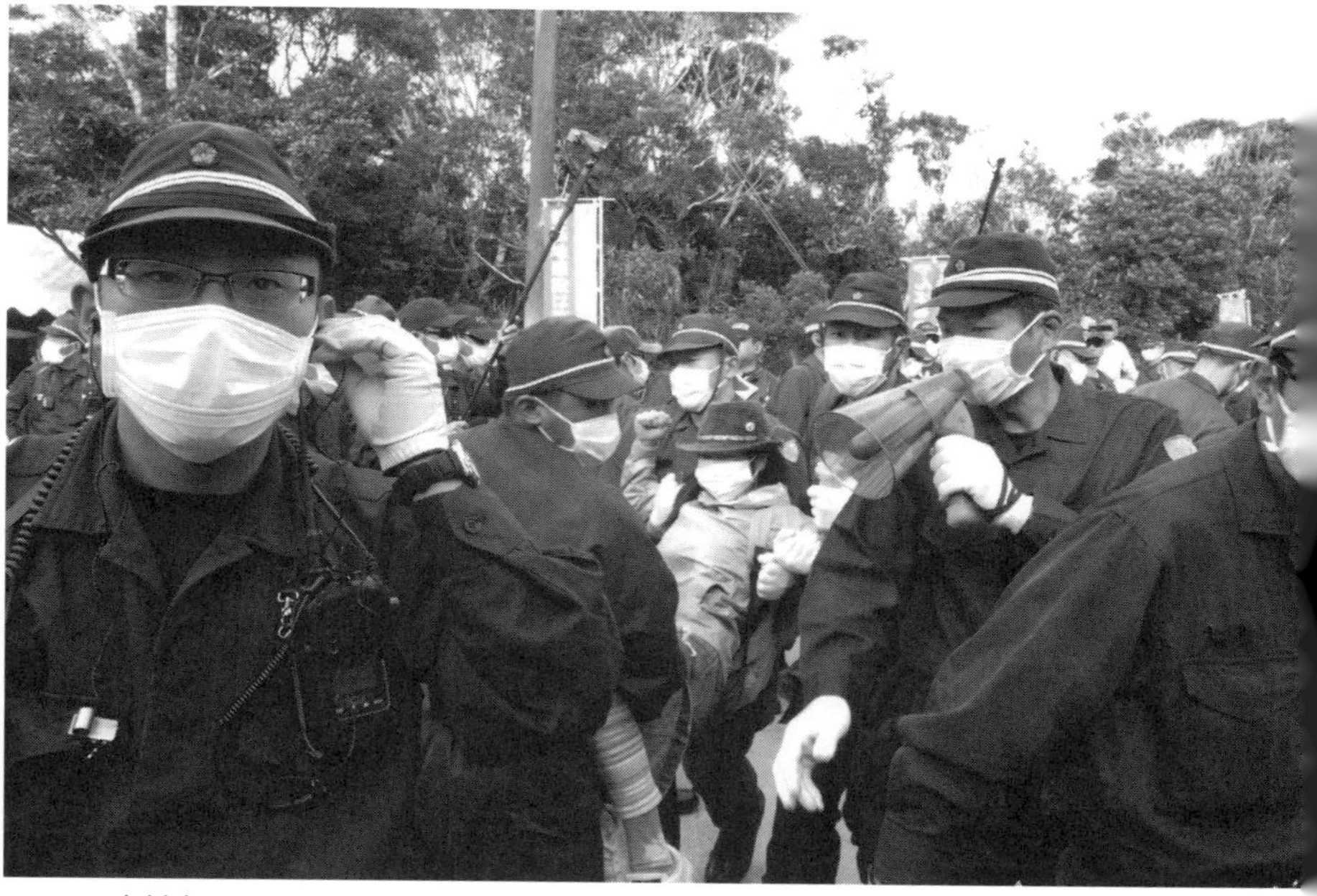

東村高江のＮ１ゲート前で座り込んでいた市民を排除する機動隊員ら。2016 年 11 月 4 日

か。政府の回答は「73・8％から73・1％」。県内移設が条件のため、分母と分子が同時に減り、割合は「0・7ポイント」の減にとどまる。

ＳＡＣＯ合意した米軍北部訓練場の約4千ヘクタールの返還も、人口１５０人の東村高江の集落を囲むように六つのヘリパッドを建設する条件で、地元住民の強い反発を受けている。２００７年7月に着工したが、14年7月に二つが完成後、作業は停滞してきた。

16年7月、政府は最大で警察機動隊８００人を動員、住民を排除し、工事車両の行く手を阻んできた車両やテントを強制的に撤去した。さらに、工事資材の搬入のために、自衛隊ヘリを使った。米軍施設の建設のための自衛隊ヘリ派遣は前代未聞の出来事だ。いずれも防衛省設置法や警察法を根拠に上げるが、「負担増に抗議する住民らを法の根拠があいまいのまま、権力で弾圧した」という批判が渦巻いている。名護市辺野古の新基地建設と同様に、沖縄県内で負担をたらい回しにする難しさを露呈した格好だ。

政府の言う「沖縄の負担軽減」は県内で混乱と衝突を招いているが、本土はほとんど影響を受けない。

「沖縄の米軍基地を県外で受け入れるべきだ」と主張する東京大学大学院の高橋哲哉教授は、「日本の世論の8割が日米安保条約を支持している。それなら『応分に負担せよ』と議論するのは正当だが、そうなっていない。圧倒的多数が日米安保を支持しながら、沖縄にだけ負担を押し付ける状況には、差別としか言いようのない問題が横たわっている。基地のたらい回しで、本土は沖縄を軍事要塞化しようとしており、負担軽減と言われても沖縄の人が実感できないのは当然だ。本土側は負担とリスクを受ける覚悟なしに利益だけを享受することはもはや許されない」と語った。

誤解だらけの沖縄基地

■24■

米軍北部訓練場過半の返還は負担軽減か？

——面積は減っても実態は機能強化で負担増

沖縄本島北部、やんばるの森にある米軍北部訓練場について、日米両政府は２０１６年12月21日、総面積約７８００ヘクタールの過半、約4千ヘクタールの返還に合意した。

翌22日、政府は菅義偉官房長官、ケネディ駐日米大使らが出席の下、返還を祝う式典を名護市内で大々的に開いた。

「本土復帰後、最大規模の返還だ。沖縄の基地負担軽減に大きく資する」と、菅氏は壇上でこう強調し、返還をアピールした。

名護市辺野古への新基地建設が県の強い反対を受けて進まない中、広大な面積の返還となる北部訓練場の部分返還は、政府にとり沖縄の基地負担軽減をアピールする絶好の「目玉」だった。だが、新設されたヘリパッドの位置関係や今後の運用を見通したとき、浮かび上がるのは基地機能の「強

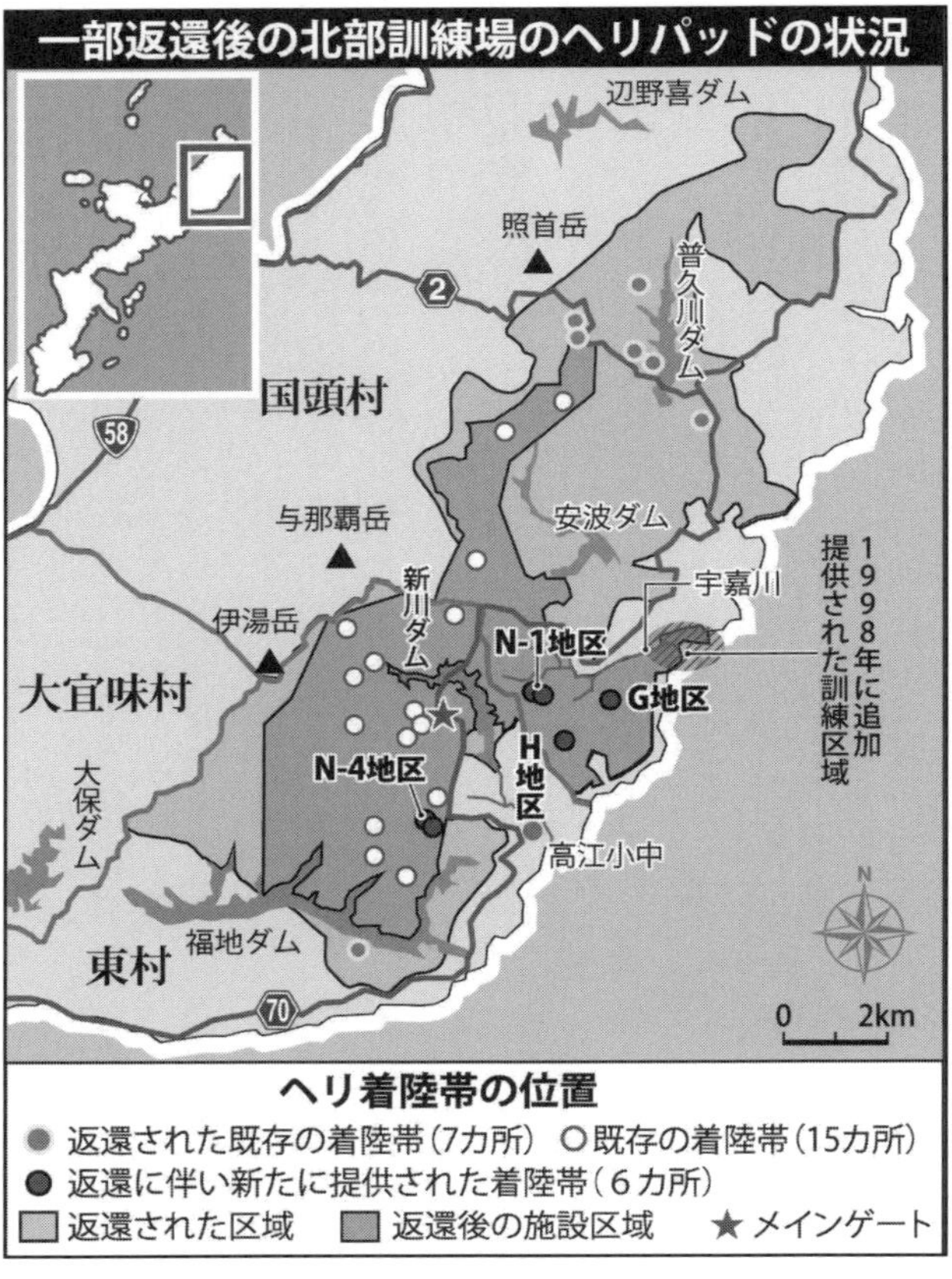

化」という実態だ。

米海兵隊はアジア太平洋地域における戦略や基地運用計画をまとめた「戦略展望2025」の中で、北部訓練場の過半返還に関し、「最大で51％の使用不可能な土地を返還し、新たな施設を設け、土地の最大限の活用が可能になる」と狙いを説明している。

米軍北部訓練場内に新たに設置された「G地区」のヘリパッドは、東海岸につながる宇嘉川の河口部にある訓練区域と連動し、海からの上陸作戦などの訓練を実施する。世界唯一のジャングル戦

政府主催で開かれた米軍北部訓練場に返還式に登壇した日米の関係者。右から３人目から稲田朋美防衛相、ケネディ米大使、菅義偉官房長官。2016 年 12 月 22 日、名護市の万国津梁館

闘訓練施設として米軍が重用してきた北部訓練場に、「新たな機能」が付け加えられる形だ。

北部訓練場内では現在、今回新たに提供された4カ所を合わせ21カ所のヘリパッドが存在する。このうちオスプレイが使用するヘリパッドは15カ所で、年間の使用回数は計５１１０回に上る。

訓練場内には低空飛行ルートも設定され、シミュレーター（模擬訓練装置）による訓練ができない場合、地上15～60メートルでの地形追従飛行を年25回実施することも明らかになっている。

また、返還条件で整備された6カ所のヘリパッドは東村高江集落を取り囲むように建設されており、運用が開始されれば、地元住民の負担が増すのは確実だ。

現に、２０１５年に先行して米側に引き渡

したN4地区のヘリパッドでは騒音が激増している。16年6月の夜間騒音発生回数は383回に上り、14年度の年平均16・2回の約24倍にもなった。

米軍の「運用優先」の姿勢は、顕著だ。

16年12月には、宜野座村城原区の民家上空でオスプレイがつり下げ訓練を実施した。その翌週、名護市の海岸で墜落事故を起こしたが、原因究明が図られる前に、米軍は地元の反対を押し切って飛行再開に踏み切った。

翁長雄志知事は北部訓練場返還式典を欠席し、代わりに出席したオスプレイ墜落抗議集会後にこう語った。

「4千ヘクタールが返ってくることで、多くの国民が沖縄の基地問題が前に進んだと感じるなら誤解が生じていると思う。面積だけで負担軽減と言えるのか。機能強化でもあり、オスプレイが飛ぶことも考えなければいけない」

誤解だらけの沖縄基地

■25■

沖縄の米軍基地は全国の「74％」ではない？

——施設面積での比較、国も引用

「国土面積の0・6％の沖縄に、在日米軍専用施設面積の『74・48％』が集中している」

米軍基地の過重負担を取り上げる際の具体的な数字だ。小さな島に、いかに多くの米軍基地が集中しているか、を示している。

これに反論する意見がインターネット上などで飛び交う。「39％」や「23％」という別の数字を上げ、「沖縄は負担を極大化している」と主張する。比較の対象をかえることで、沖縄の負担を小さく見積もろうという意図がうかがえる。

果たしてそうだろうか。最初に断っておくと、「39％」でも、「23％」でも決して小さな数字ではなく、沖縄の負担を矮小化できるものではない。

「39％」は在日米軍司令部（東京・横田基地）が2016年6月、フェイスブックに投稿した。

在日米軍専用施設・区域の都道府県別面積（3月31日現在）

都道府県名	面積（千平方㍍）	全体に占める割合（%）
北海道	4,274	1.41
青森	23,743	7.82
埼玉	2,033	0.67
千葉	2,095	0.69
東京	13,207	4.35
神奈川	14,744	4.85
静岡	1,205	0.4
京都	35	0.01
広島	3,539	1.17
山口	7,914	2.61
福岡	23	0.01
長崎	4,686	1.54
沖縄	226,192	74.48
計	303,690	100

「米軍施設の75%が沖縄に集中しているというのは誤解で、事実ではない。実際には39%」

全国には在日米軍専用施設が85施設あり、沖縄には33施設あることから、「39%」は面積ではなく、全体の施設数に占める沖縄の割合を示している。

在日米軍司令部は沖縄タイムスの取材に、「施設と面積が混在し、混乱が生じている。日本本土の方が施設数は多い」と答える一方、施設で比較する理由などを明らかにしなかった。

７８２４ヘクタールの米軍北部訓練場も、０・２ヘクタールの久米島射爆撃場、０・４ヘクタールの由木通信所（八王子市）も同じ「１施設」としてカウントすることになる。嘉手納弾薬庫が隣接、２００機近くの軍用機が常駐する嘉手納基地も「１施設」となる。

面積も、機能もまったく違うにもかかわらず、施設数で比較する狙いは明白ではない。

さらに面積では99・４対０・６の本土と沖縄を１対１で捉え、「本土の方が施設数は多い」という認識にも、沖縄の負担に対する無理解が垣間見える。

　在日米軍専用施設面積で比較した場合の「約74％」という数字は日本政府も防衛白書などで引用している。「米軍専用施設・区域」では日米地位協定3条で米軍に排他的管理権を認めており、都市計画や環境汚染時の立ち入り調査、騒音発生時の飛行差し止め要求など、日本側の行政、司法、立法といった施政権を制約する。憲法も地方自治も国内法も及ばない、その施設・区域がどれぐらいの範囲であるのか。在日米軍専用施設面積での比較が「負担」を表しているというのが沖縄県の見方であり、政府も追認している。

　では「23％」は、何を意味するのか。「米軍が一時的に使う自衛隊基地の面積」を母数に入れた数字だ。

　日米地位協定では、2条4項aで米軍の管理する施設の日本側の共同使用、同bで日本側の管理する施設の米軍の共同使用を定めている。在日米軍専用施設面積にはaの施設を含むが、bは含まれない。bを含む場合、防衛省は「在日米軍施設」と呼ぶ。

　沖縄は専用施設面積の「約74％」を占めるが、bの施設が少ないため、在日米軍施設面積で言うと「約23％」と割合が小さくなる。

　ただ、bの施設、すなわち自衛隊基地の管理権は日本側にある。米軍の年間の訓練数に上限があったり、訓練の内容を周辺自治体へ事前通報したりする決まりがあるなど、「米側の運用に口出しできない」（政府関係者）専用施設とは大きく異なる。

面積1万8600ヘクタールの北海道矢臼別《やうすべつ》演習場では、砲撃訓練のために米海兵隊が年2週間程度使うといったように、その他にも年に数日程度しか使用しない広大な基地を含んでいる。専用施設とは、利用頻度に大きな差があることから見ても、「23%」より、「74%」がより負担の実態に近い。

日米地位協定に詳しい新垣勉弁護士は、「一時的に使う自衛隊基地の面積を含むことで沖縄の負担を薄めようということだろう。米軍基地をめぐる諸悪は、米軍にわが国の主権が及んでいないことだ。管理権を日米のどちらが持つか、で大きな違いがある。米側が管理権を持つ施設・区域の運用について、日本側は関与できないか、あるいは日米合同委員会という密室、国民の目（国会）の届かないところですべて決定される」と指摘する。

さらに「日米地位協定は日本の民主主義と法の支配を否定し、これをむしばむもので、今や基地問題を超えてわが国の政治制度全体をゆがめる元凶となっている」と話した。

誤解だらけの沖縄基地

■26■

米兵による犯罪発生率、沖縄県民と比較できるか？

――実態は不透明で対比できず

米軍基地を抱えることで派生する被害の一つとして、米兵が加害者となる犯罪がある。繰り返されるたびに再発防止が叫ばれるが、悲惨な事件は後を絶たない。県民はまたかと憤り、地元メディアは大きく取り上げる。

その反応を批判する声がある。

作家の百田《ひゃくた》尚樹氏は２０１５年、自民党本部での勉強会で「沖縄に住む米兵がレイプ事件を犯したことが何例もあるが、沖縄県(民)自身が起こした方がはるかに率が高い。米兵が女の子を犯した、じゃあそれで米兵は出て行けというのか」と主張した。

かつての外務省沖縄大使が記者会見で「在沖米軍関係者１人当たりの犯罪発生率は、沖縄県民よりも低い」と発言し、批判を浴びたこともある。

米兵３人による暴行事件に８万５千人が集まり、怒りの声を上げた県民総決起大会。米軍人・軍属による犯罪の根絶などを盛り込んだ決議を採択した。1995年10月21日、宜野湾市

沖縄県民の犯罪率と米兵の犯罪率は、比較が成り立つのか。

1995年に米兵3人が県内で起こした暴行事件後、被害者救済などを目的に発足した「基地・軍隊を許さない行動する女たちの会」共同代表の高里鈴代氏は、両者を比較できない理由として大きく二つの視点を指摘する。

1点目は、米兵犯罪はすべてを把握できないことだ。基地内で起きた犯罪や、特に被害者が訴えない女性暴行は表に出ない。性暴力の被害者相談窓口「強姦救援センター・沖縄（REICO）」に立ち上げから携わる高里氏は、親告罪である強姦事件は口を閉ざしたままの被害者が少なくなく、「加害者が誰であれ表に出るのは一部だと捉えるべき」と実態を語る。

2点目は米軍が日本に駐留する根拠だ。外務省

のホームページや防衛白書では、日米安保条約に触れながら「我が国の安全、アジア太平洋地域の平和と安定」などの駐留意義が紹介されている。

高里氏は「駐留する地域を守ることを大義名分に米国から派遣されている。犯罪はゼロであるのが当然だ」と、1件も起こしてはならない立場だと憤る。

米兵が犯罪を起こした場合、日本側の捜査権や裁判権には一定の制約があり、日本人と同様に裁かれないケースもある。現行の日米地位協定では、米兵が「公務中」であれば米側に第1次裁判権があると定め、米側が放棄しない限り日本側は起訴できない。

在日米兵らの事件で、「重要な案件以外、日本側は裁判権を放棄する」とした53年の「密約」を米公文書で見つけた国際問題研究者の新原昭治氏は、「日本側にできるだけ裁判権を渡さないという原則姿勢は今でも残る。日本の主権に関わる問題であり、繰り返される米兵犯罪は日本政府の責任でもある」と憂う。

百田氏は犯罪率を比較した際、「左翼の扇動に対して立ち向かう言葉とデータを持って対抗しないといけない」とも述べている。

新原氏は、「米兵犯罪の統計は基地内発生などは排除され、ふるいにかけられたごく一部で起訴率も低い。実数が明らかになる県民の犯罪と比較はできない」とし、そもそも基礎となるデータが不透明だと強調した。

誤解だらけの沖縄基地

■27■

米軍関係者の犯罪は沖縄県民より少ないのか?

——復帰後44年、凶悪犯摘発数は県人の3・5倍

沖縄が本土に復帰した1972年からの44年間で、沖縄県警が摘発（逮捕、書類送検）した殺人、強盗、放火、女性暴行の「凶悪犯」の人数は人口1万人当たりの平均で「米軍関係者」が3・39人と、「県人等」0・98人の約3・5倍にも達している。摘発総件数は次第に減少傾向にあるものの、人口比では復帰から現在に至る各年代で、米軍関係者の割合が県人より2倍以上高い状況が続いている。

復帰直後の1970年代はベトナム戦争の影響で社会情勢が不安定になり、米軍関係者の犯罪が増加。凶悪犯も増えた。72～79年の「米軍関係者」の凶悪犯摘発数は、29～69人で推移した。人口1万人当たりでは「米軍関係者」10・35人で「県人等」2・17人の約4・8倍に上っている。

当時は、全逮捕者の10人に1人が米軍関係者だった。凶悪事件が頻発し、県警も「（米軍関係者の）凶悪犯は一般人より比率が高い」（80年、犯罪統計書）と警戒していた。

「県人等」との比率は80年代に3・71倍、90年代に2倍に下がったが、06～15年の10年間では2・

3倍と再び、高まる傾向となっている。

米軍犯罪が起きるたびに、インターネット上などでは「米軍関係者の犯罪数は県人に比べて少ない」との指摘が上がる。しかし、社会を揺るがす凶悪犯の発生率は米軍関係者の方が高く、県民の基地負担の実情が浮かびあがる。

統計は県警が摘発した人数で、基地内での事件や、基地に逃げたまま逮捕できないケースは数値に反映されない。

「3・5倍」は米軍事件の氷山の一角を表す数値でもある。

米軍関係者の事件・事故を巡り、1953年に「実質的に重要な事件以外は日本が第1次裁判権を行使しない」と確認した日米間の「密約」が存在する。米軍関係者による刑法犯の起訴率は、全国の刑法犯に比べて低い傾向が続いており、「密約」が今なお影響を及ぼしている格好だ。

日米行政協定（日米地位協定の前身）の改定交渉中だった53年10月28日の日米合同委員会刑事部会で、日本側が裁判権放棄の意向を表明した。さらに両国間で方針を確認後、部外秘とした。

改定交渉は、米軍関係者が日本国内で起こした事件は、すべて米側が裁判権を持つと定めた行政協定の見直しが狙いだった。

しかし、米側は裁判権行使の範囲をできるだけ狭めるよう要求した。交渉の末、米軍関係者が「公務中」の事件は米国、「公務外」の事件は日本がそれぞれ第1次裁判権を持つ枠組みになったが、軽微な事件は日本側が裁判権を放棄する方向に妥協を余儀なくされた。

米軍・軍属・家族と県人等の凶悪犯摘発人数の推移
（人口1万人あたり）

■ 米軍関係者　■ 県人等
※数値は四捨五入となります。

米軍関係者平均	県人等平均
3.39	0.98

県警がまとめた「犯罪統計書」から米軍人・軍属、その家族の「米軍関係者」の摘発人数を年ごとに集計。米軍関係者を除く県人や観光客、在住外国人などを含む「県人等」と比較した。「県人等」の摘発数を各年の県人口で割った値に、1万をかけて「1万人当たりの摘発数」を算出。「米軍関係者」の数は2010年と12年以降が非公表のため、公表された過去10年の平均値を当てはめて計算した。

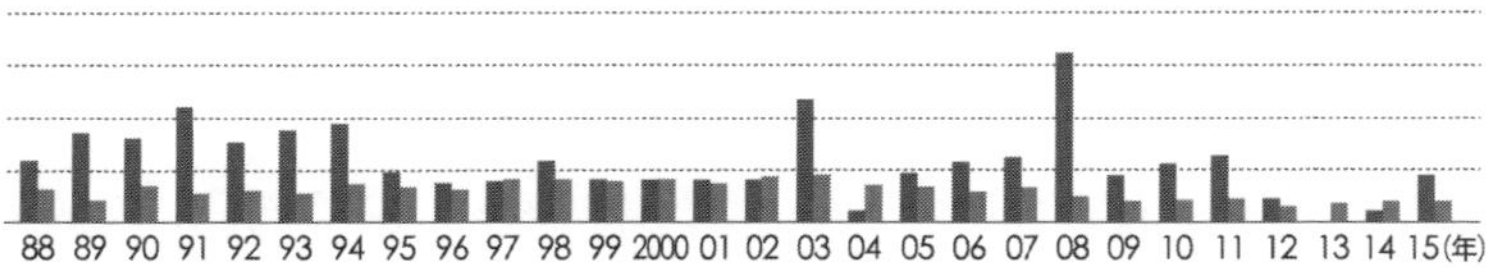

法務省は同じ10月、重要事件以外は起訴猶予とするよう求める刑事局長通達を全国の検察当局に発出した。２００９年の国会質疑で、法務省は通達の効力について「有効」と答弁しており、今も個別事件の対処に反映されているとみられる。

実際、米軍関係者が起こした刑法犯は近年、起訴率が２割に満たない状況が続いている。日本平和委員会（東京）の調べで、２０１５年も起訴率は18・7％にとどまることが判明した。14年の全国の一般刑法犯の起訴率38・5％と比べると、その差は歴然としている。

一方、政府は起訴可否の判断基準を巡り、検察官の裁量で軽微な事案は起訴猶予（不起訴）とすることができる「起訴便宜主義」の範疇《はんちゅう》との認識に基づき、「米軍関係者と日本人で変わらない」という見解を繰り返し示している。

法務省通達を含む関連資料を２００８年に米公文書から発見した新原昭治さん（国際問題研究者）は、「米軍基

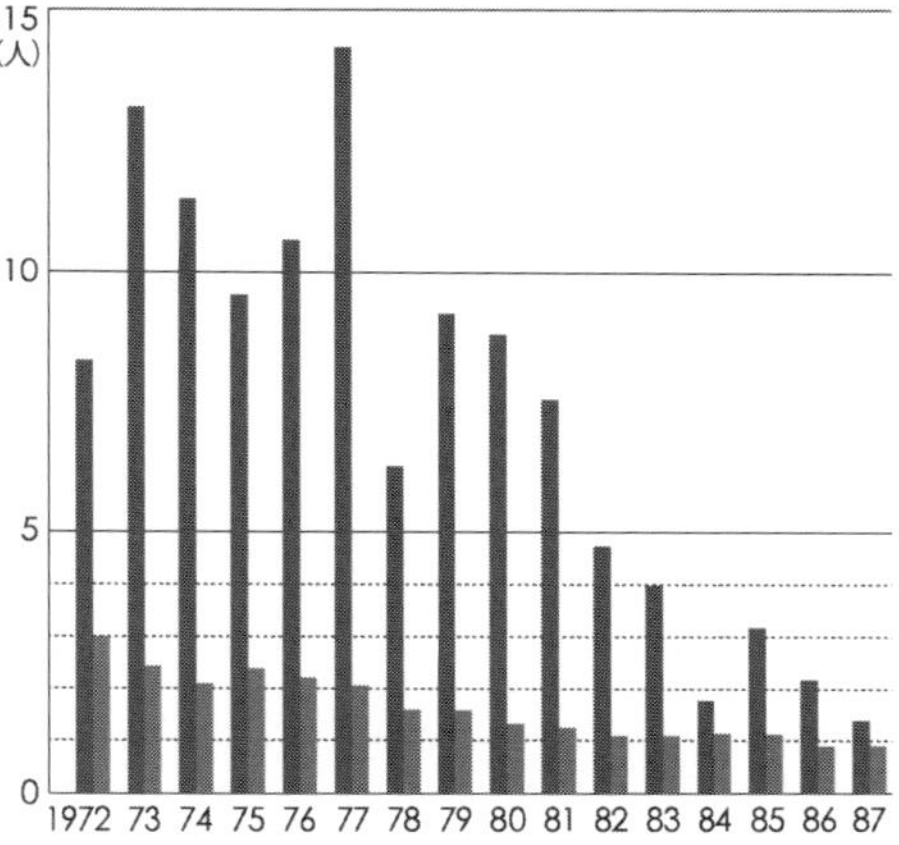

地内で起きた犯罪など、表に出てこない数字があり、米軍関係者による犯罪発生率は、実際にはもっと高いだろう。米兵による暴行事件が起きた１９９５年、米オハイオ州の新聞記者が、世界のどの基地で米兵犯罪が多いかを調べて書いた記事がある。それによると、沖縄を含む日本が最も多いという。米兵の『やりたい放題』を許容するシステムとして日米地位協定があることも大きな要因だ。日本側は捜査権や裁判権を巡り一定の制約を受け、犯罪を野放しにする恐れがある。犯罪全体を捉えて『発生件数は県民の方が多い』などと米軍を擁護する意見もあるが、軍隊がそもそも何のために駐留しているのかを考えた時、米軍は1件たりとも事件を犯してはならないはずだ」と話している。

右のグラフは、沖縄県警がまとめた「犯罪統計書」から米軍人・軍属、その家族の「米軍関係者」の摘発人数を年ごとに集計し、米軍関係者を除く県人や観光客、在住外国人などを含む「県人等」と比較したものだ。「県人等」の摘発数を各年の県人口で割った値に、1万をかけて「1万人当たりの摘発数」を算出している。「米軍関係者」の数は、２０１０年と12年以降が非公表のため、公表された過去10年の平均値を当てはめて計算した。

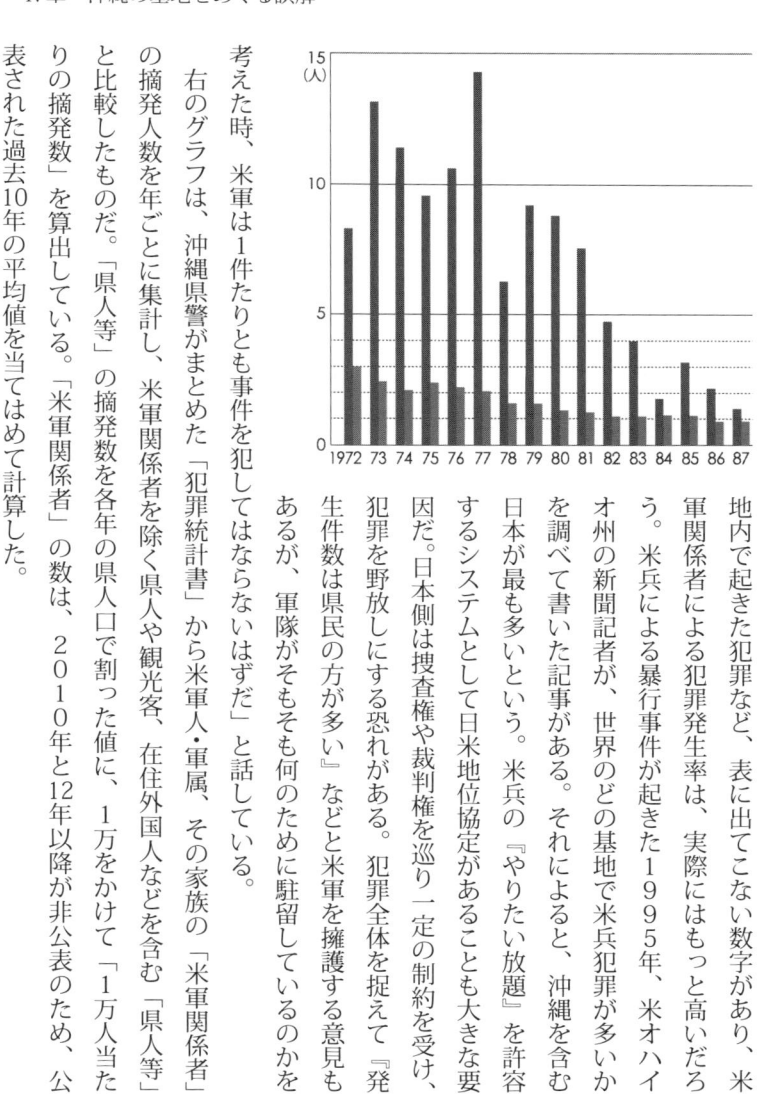

フォローアップ

飲酒規制を解くと犯罪増

米軍関係者の事件事故防止を目的に軍が実施する「外出・飲酒制限措置」で、規制が緩和されるたびに刑法犯の摘発数が増加していることが分かった（2016年6月29日）。

この数字を分析してみる。2006年～15年の10年間で沖縄県警が摘発した米軍人・軍属・家族の総数は、505人だった。女性暴行や強盗など凶悪犯罪が起きるたびに米軍は制限措置を実施するが、解除されると摘発数が増加する。米軍関係者の「自由度」や規制の「穴」が、次の犯罪を招く傾向が浮かび上がる。

2008年2月、米陸軍の男によるフィリピン人女性暴行事件で、在沖米軍は全ての米兵に夜間から早朝の外出禁止措置を実施した。

しかし、直後の3月と4月の未明に連続してタクシー強盗致傷事件が発生した。規制措置の実効性に疑問符が付いた。規制緩和後の09年、10年にもタクシー乗務員を狙った強盗や窃盗、暴行が続発した。在沖米軍は同年6月、午前0時以降の基地外のバーやクラブへの立ち入り禁止措置を取った。

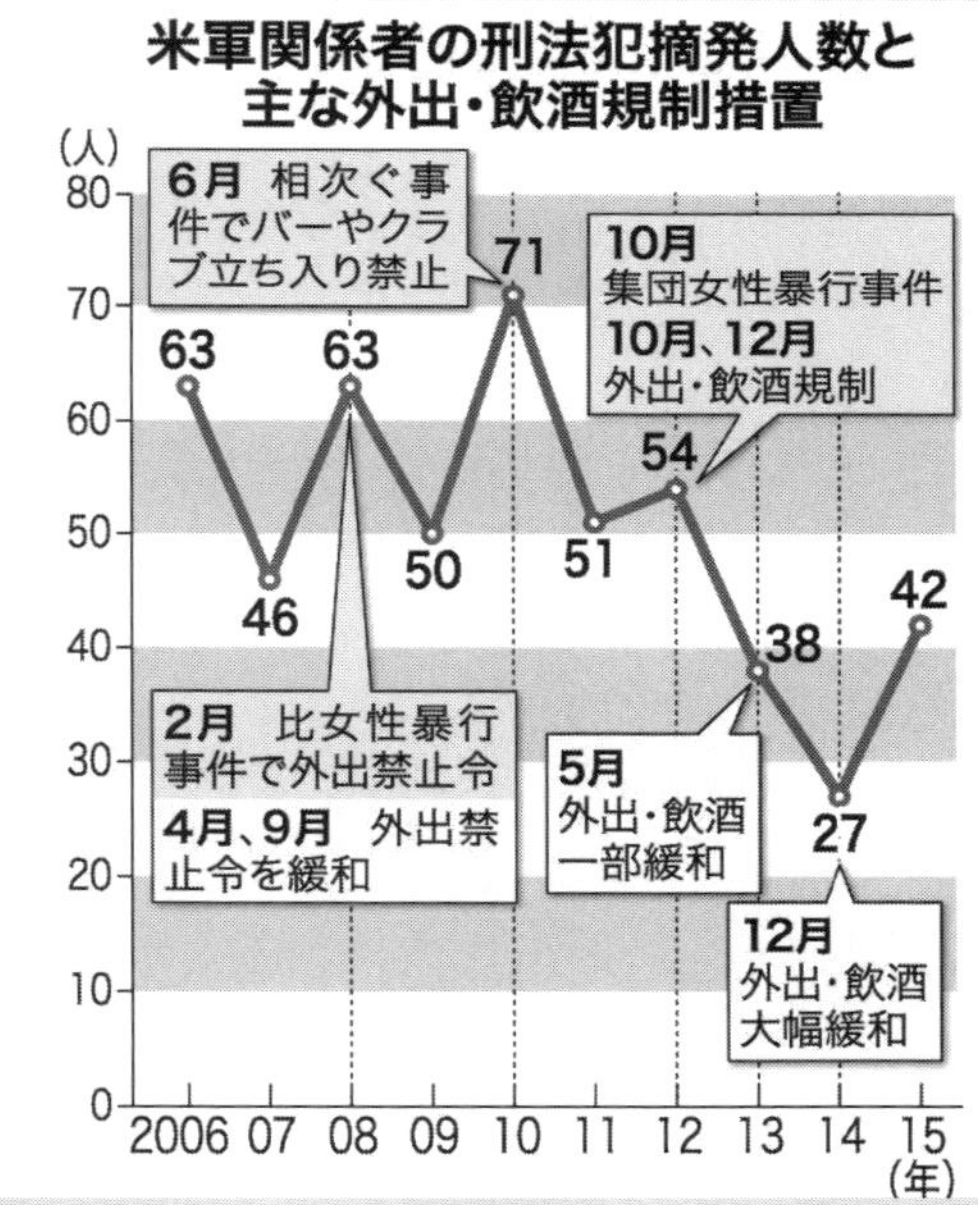

２０１１年９月に在沖米海兵隊は午前０時以降、基地外での飲酒の全面禁止措置を実施した。この年の摘発数は前年比20人減となった。

一方、措置が緩和された12年には、再び酒がらみの事件事故が多発している。10月には本島中部で米海軍兵２人が女性を集団暴行し、在日米軍は全軍人に対し、夜間の外出・飲酒禁止令を発出した。

同規制は大幅緩和まで約２年にわたって実施された。14年の摘発人数は、復帰後最少の27人にまで減少した。

規制の大幅緩和を受け、15年の摘発数は一転、前年比１・６倍の42人に達した。16年３月の女性暴行事件を受け、米軍は外泊禁止令を出したが、４月には米軍属による女性暴行殺害事件が発生した。その後も飲酒運転事故が相次ぎ、軍属や民間地に住む軍人への「規制」が行き届かない現状が露呈している。「外出・飲酒の制限措置では犯罪抑止の抜本解決にはならない」との指摘が相次いでいる。

米軍普天間飛行場を離陸するＣＨ 46 大型輸送ヘリ。後方は沖縄国際大学

Ⅴ章
「普天間」にまつわる誤解

誤解だらけの沖縄基地 ■28■

普天間第二小学校の移転断念は反基地運動の妨害？❶

――予算、国の補助がかなわず頓挫

「反基地運動のために市民団体が普天間第二小学校の移転を意図的に妨害して、子どもたちを人質にした」

２００３年、視察したラムズフェルド米国防長官（当時）が言うところの「世界一危険」な米軍普天間飛行場（宜野湾市）に隣接する第二小をめぐり、インターネット上でこんな話が流布されている。普天間飛行場の危険性の象徴として、市民団体が第二小を移転させずに反基地運動に利用しているという趣旨だ。同校は１９８０年から10年以上も移転問題に揺れた。

なぜ、小学校は動かなかったのか――。

この「人質論」は、基地問題に対する沖縄の市民運動に批判的なブログやフェイスブックなどＳＮＳで拡散されている。普天間飛行場は街のど真ん中にあり、周辺には住宅や学校、病院が密集するが、これらについてネット上では「『世界一危険な基地』は、学校を移転させずに危険をとどめようとする左翼のでっちあげだ」などのコメントが躍る。

ネットで引用されているのは当時の保守系市長、安次富盛信氏や「市関係者」らへの取材を基にした２０１０年のある全国紙の報道だ。

報道によると、第二小はこれまで、82年の米軍ヘリ墜落事故をきっかけに2度移転計画が持ち上がった。事故は普天間飛行場を離陸しようとした米軍ヘリがエンジントラブルで離陸に失敗、墜落した。第二小からはわずか３００メートルしか離れていなかった。

安次富氏が米軍と交渉し、キャンプ瑞慶覧の一部を学校用地として返還させることで合意し、予算も確保した。だが、市民団体が「移転は基地の固定化につながる」「命を張ってでも反対する」などと抵抗したため、計画が頓挫《とんざ》したという。

「こんな話は、聞いたことがない」――教育次長や企画部長などでこの問題にかかわり、のちに宜野湾市長を務めた比嘉盛光さん（77歳）は首をかしげる。報道内容とは逆に、予算の補助を国に求めたが、最後までかなわなかったからだ。

第二小は普天間小学校の過密化を解消するため69年、普天間小敷地内に暫定的に設置された。翌70年、普天間飛行場に隣接し、滑走路延長上にある現在の場所に一部校舎が完成した。だが、文部省（当時）基準の4割にも満たない狭い敷地だったため、市は70年代から普天間飛行場の一部を返

普天間第二小校庭の真上をオスプレイが飛び交う。敷地は米軍普天間飛行場とフェンス1枚で隔てられている。2013年8月3日、宜野湾市

還させて敷地の拡張を模索する。79年には山口県岩国基地や、返還予定だった北谷町のハンビー飛行場から米軍ヘリなどが普天間飛行場に移駐した。第二小の騒音は悪化し、教育環境の改善は、さらに急務となる。

80年9月25日。安次富氏は、ある方針を打ち出す。

「騒音で中断を余儀なくされ、適正な教育活動もできない。移転することが得策だ」

第二小の移転先として普天間飛行場と500メートルほど離れたキャンプ瑞慶覧の一部（現在の西普天間住宅地区）返還を求め、那覇防衛施設局（当時）へ要請書を出した。

わずか1週間後の10月2日、普天間飛行場滑走路で離着陸訓練中の米軍観測機OV10ブロンコが墜落した。

普天間第二小移転の機運はさらに高まった。

誤解だらけの沖縄基地

■29■

普天間第二小学校の移転断念は反基地運動の妨害？❷

——のめぬ条件、跡地を基地に

安次富盛信宜野湾市長（当時）のもと、１９８０年に浮上した米軍普天間飛行場に隣接する普天間第二小の移転計画で、安次富氏は移転先を確保するため、キャンプ瑞慶覧の一部返還を米側と水面下で交渉していたが、難問が待ち構えていた。

「用地、造成費の捻出に大変苦慮している。特段のご配慮方よろしくお願いします」

安次富氏は83年7月21日、防衛施設庁に補助を求めた。小学校を新たに建てる用地の取得費が当時試算で25億円に上り、市の財政規模では捻出が困難だったからだ。だが、国は「用地費の補助は制度にない」と型通りの対応だった。

補助の見通しが立たない中、84年12月8日、那覇防衛施設局を通じ、安次富氏のもとに米側が一部返還に応じる〝吉報〟が届く。

キャンプ瑞慶覧一部返還の5条件

1　返還面積は約4万平方メートル
2　米国が普天間住宅地区に隣接する「丘陵斜面」を最大限に造成する
3　返還に伴い、キャンプ瑞慶覧内に住宅等が建設されること
4　現在の普天間第二小敷地、建物を普天間飛行場として米国に提供すること
5　保安柵から5メートル以内に学校建物を建設しない

ただ、五つの条件が付されていた。中でも難題となったのが第4項だった。

「現在の第二小敷地およびすべての建物を、普天間飛行場として合衆国政府に提供することに応じること」

キャンプ瑞慶覧の一部を学校の用地として返還する代わりに、いま第二小がある敷地を普天間飛行場に編入する。つまり、市民の土地を新たに基地へ差し出すというものだった。

当時は西銘順治知事が、普天間飛行場などの整理縮小を訴えていた時代である。

安次富氏は返還への条件があったことや、その対応を公表しないまま、3選を目指した85年7月の市長選で、革新の桃原正賢氏に敗れた。

なぜあの時、安次富氏は移転を決断できなかったのか。安次富氏の次男・修氏は当時、國場幸昌衆院議員の秘書を務め、国との調整に奔走していた。修氏は、こう思い起こす。

「施設庁側は、第二小の移転は市長の決断次第だ、と言っていた。ただ、父にとって編入条件の受け入れは、第二小の移転が実現する一方、市民の理解を得られるのか、もろ刃のつるぎの側面が

あった。世論を見極めていたように思う」

市長就任後、編入条件を知った桃原氏もまた、苦悩する。「基地の整理縮小を求める民意に背くことになる」と。

86年11月には条件の撤回と、あらためて用地取得のための補助金交付を那覇防衛施設局へ要求した。

めどが立たない25億円の用地取得費に、容認しがたい現有地の基地への編入。国との交渉は長引く。88年11月、桃原氏はＰＴＡからの移転要請を受け、強い決意を胸に与党議員や教育委員会とともに上京、関係省庁へ用地費の補助と、編入条件の撤回を要求した。

「広大な米軍基地を抱える自治体への思いやりは国として必要ではないか」「基地の整理縮小は県民の要望。跡地が軍用地になるのは世論に背を向ける」

それでも、基地を抱える街の訴えは届かなかった。

移転計画の浮上から12年がたった１９９２年、これまで移転要請を重ねてきた普天間第二小ＰＴＡが、断念を決意する。

誤解だらけの沖縄基地

■30■

普天間第二小学校の移転断念は反基地運動の妨害？❸

——用地費不足と老朽化が進み断念

「危険と同居　仕方ない」「ＰＴＡ苦渋の決断」

1992年9月19日付の沖縄タイムス朝刊の見出しだ。米軍普天間飛行場に隣接する普天間第二小のＰＴＡが18日に開いた臨時総会では、これまで宜野湾市に毎年のように求めてきた校舎移転を断念し、現在地での建て替えを求めることを決めた。

なぜ、苦渋の決断をしなければならなかったのか。建築から20年以上たち校舎は老朽化した。建設費の高率補助が適用される復帰特別措置法の期限が2年後に迫り、キャンプ瑞慶覧の一部を返還させて移転するのか、現在地で建て替えるのか、決断を迫られていた。

たとえ移転を選択しても、学校用地費は計画当初の25億円から50～60億円に高騰した。市が要求してきた国の補助は認められず、移転はいつになるか分からない——。

ＰＴＡの決議を受け、第二小は現在の場所で増改築され、96年に新校舎が完成した。

危険と同居 仕方ない

普天間第二小移転を断念

PTA苦渋の選択

学習環境の整備優先

【宜野湾】隣接する普天間基地の爆音被害に悩まされている宜野湾市立普天間第二小学校PTA（当間嗣昌会長）は十八日夜、同小学校体育館で臨時総会を開き、これまで求めてきた同校移転要請決議を保留し、新たに現在地での校舎整備を求める決議を採択した。基地の爆音、戦闘機ヘリの墜落の危機にさらされている同校PTAがあえて現在地での整備拡充を決議したのは遅々として進まぬ移転問題に対してこれ以上、児童に校舎整備など学習環境面での負担を強いらせたくないとの意見が大勢を占めたためだ。移転を進めてきた宜野湾市も政策転換を余儀なくされ、今後の早急な対応が迫られそうだ。

移転決議を保留し、現在地での整備決議を採択した普天間第二小学校PTA総会

同校は普天間基地とフェンス一つ隔てて隣接、上空が戦闘機やヘリの飛行コースになっているため爆音に苦しめられている。PTAは一九八〇年から移転を打ち出し、市や国など関係機関に要請してきた。市も重要な懸案問題として取り組んできた。

市と防衛施設局、米軍とのこれまでの話し合いでキャンプ・ズケランの普天間ハウジング（同市喜友名）に移転する計画が出された。だが、三十億円以上ともいわれる用地取得費などに加え、移転後は同校敷地を基地内に編入することなどから新たな基地提供になるとして桃原正賢市長が難色を見せ、これまで移転に向けた具体的な進展はなかった。

PTAは昨年の総会で移転決議をしていたが、今年になって移転か、現在地での拡張かを執行部で論議してきた。

臨時総会には比嘉盛光市企画部長、宜野湾市教委教育部長も参加。当間会長が現在地での整備拡充に至った経緯について○水漏れ、コンクリート破片の落下など学校施設の老朽化が進み、子供たちが危険な状態○移転計画は十年以上もかかる○時代情勢の緊張緩和で将来、普天間基地の返還のきざしがある○復帰特別措置法が二年後に見

ＰＴＡ総会で普天間第二小学校の移転断念を報じる1992年9月19日付沖縄タイムス朝刊

当時、校長の比嘉岳雄さん（81歳）は「天井のコンクリートがはげ落ちて落下する。鉄筋はむき出し。私たちにできることは、老朽化による危険から子どもたちを守ること。米軍基地からの危険を取り払うのは政治にしかできなかった」と振り返る。

比嘉さんは新校舎落成記念誌に、沖縄に米軍基地が集中している現状を踏まえ、国から用地費の補助が出なかったことに、こう記している。

「当時の関係省庁は沖縄の実情を全く組み入れず、全国共通メニューで操作していて、政治的配慮に欠けていたと思う」

さらに、学校を移転しても米軍基地の整理縮小、市全体の危険性には

どう向き合うのか。移転計画は基地あるがゆえの問題に阻まれた。

一般質問で第二小問題を取り上げていた革新系元市議の上江洲安儀さん（80歳）は「第二小が移転するということは普天間飛行場が存在し続け、市に危険がそのまま残るということだ。近くにはほかの学校もあり、第二小を移転したとしても、根本的な解決につながらない。普天間飛行場こそ撤去するべきだった」と指摘する。

２０１０年のある全国紙の報道は、歴史的背景や経緯が不明なままネット上で拡散し、オスプレイや辺野古新基地建設の反対運動への批判を誘導している。

沖縄国際大学の佐藤学教授（政治学）は「報道を利用した反対運動への批判は、沖縄への米軍基地の集中を正当化したい心理があり、沖縄をおとしめて、罪悪感を拭いたいという気持ちがある」と指摘、その上で、「若者がネット上の虚偽の言説を受け入れてしまうのはなぜかも考える必要がある」と話す。

佐藤教授は今の学生に対し、「沖縄県出身の学生が大学までに、戦後や米軍施政下にいたるまでの沖縄の現代史を学んでいない。そもそもなぜ米軍基地があるのかを疑問に思ったことがない」と感じている。そういった学生が頼るのがネットだという。

「ネット上で圧倒的に多い沖縄を叩く虚偽の言説しか目に入らず、真偽を見極める技術も習得していないから、読んだこと、見たことはそのまま受け入れてしまう」と、虚偽の情報がネット上で真実かのように一人歩きする問題の背景を指摘した。

誤解だらけの沖縄基地

■31■

普天間飛行場は田んぼの中にできたのか？

——８千人超の生活の場を占領

「米軍普天間飛行場は、もともと田んぼの中にあり、周りは何もなかった」「商売になると、みんな何十年もかかって基地の周りに住みだした」

２０１５年６月25日に開かれた自民党若手議員らの勉強会での、ベストセラー作家・百田尚樹氏の事実とかけ離れた発言は、宜野湾市民の猛反発を買った。

米軍普天間飛行場がある場所には戦前、村役場や宜野湾国民学校もあり、南北には宜野湾並松（ジノーンナンマチ）と呼ばれた街道が走る生活の中心地だったからだ。

「住民をばかにしている」「ネット情報をうのみにしたような幼稚な発言だ」

３日後の28日、大部分の土地が接収された字宜野湾郷友会（宮城政一会長）の総会では、怒りの声が噴出した。

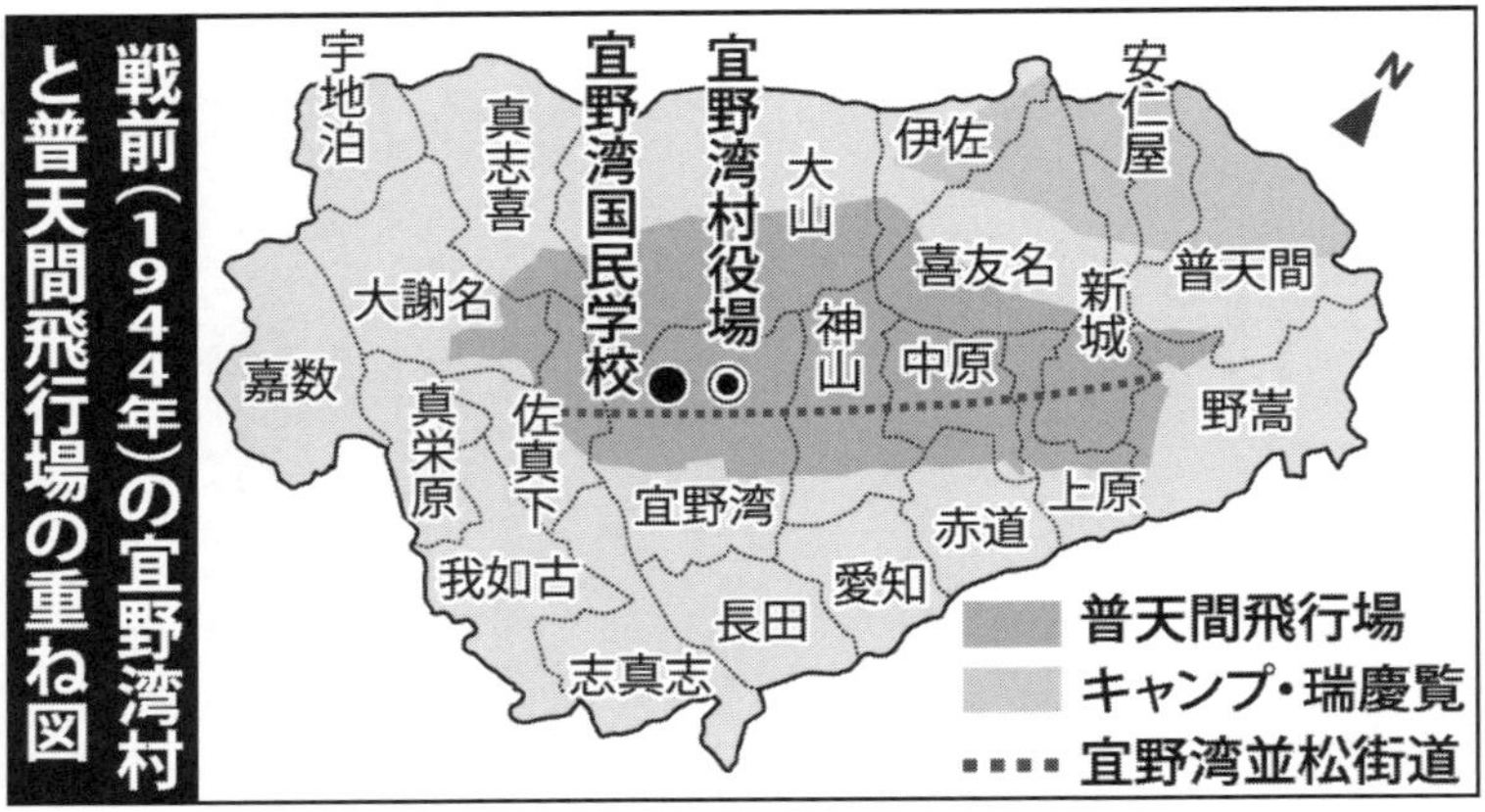

字宜野湾の住民は、ほぼ現在の飛行場内に住んでいた。

このような「基地は田んぼにできた」という発言は過去にもあった。2010年、当時のケビン・メア在沖米国総領事だ。

その要人の認識不足の発言に、宮城さんが「カチンときた。ならば証明しよう」と始めたのが、戦前の集落の様子を再現するジオラマ作りだった。

お年寄りへの聞き取り調査を重ねているさなか、著名な作家によって再び古里を侮辱された。

「またか、という思い。ちょっと調べればすぐ分かること」——宮城さんは悔しそうに語る。

「私たちの古里がなかったことになる。先輩からは市場で買い物したこと、馬場にンマハラシーを見に行ったこと……。たくさん聞いた。生活の場であり、憩いの場でもあった場所だ」

そんな人々の生活拠点はどのようにして奪われたのか。

宜野湾市史によると、沖縄戦前年の１９４４年、宜野湾村（当時）には22の字があり、人口は１万３６３５人。そのうち、普天間飛行場は14字にまたがる宜野湾の中心に建設された。その14字では８８８０人が生活していた。

人々の古里が奪われたのは45年の沖縄戦だ。宜野湾へ侵攻した米軍が占領と同時に土地を接収し、滑走路の建設を始めた。

住民は同年10月以降に順次、収容所や避難先から帰村が許されたが、多くが古里に戻れず、米軍に割り当てられた飛行場周辺の土地で、集落の再編を余儀なくされた。

百田氏が言う「商売目当て」では決してなく、基地の周りに住まわされたのが実情だ。

古里を奪われた住民の先祖が眠る墓や御願所は、今も基地の中だ。基地内に入るには米軍の許可が必要になる。宜野湾郷友会が年中行事で拝むウブガー（産井戸）はフェンスの奥わずか１００メートルほどの場所にたたずむ。

宮城郷友会長は、「古里の土地に入るのに、許可を得なければならないというのは……。矛盾してますよね」と話す。

誤解だらけの沖縄基地
■32■

普天間飛行場の危険はもともと大きかったのか？

――本土の基地閉鎖で機体激増

米軍普天間飛行場の危険性の除去は、誰もが認める喫緊の課題だ。

２００３年11月に上空から視察した当時のラムズフェルド米国防長官が「世界一危険な米軍施設」と指摘した、その原型はいつごろ出来上がったのだろうか。

普天間飛行場は１９４５年の沖縄戦で米軍が占領、接収し、陸軍工兵隊が本土決戦に備え、滑走路を建設したことに始まる。

施設管理権は57年４月に陸軍から空軍、60年５月に空軍から海兵隊へ移った。59年７月には海兵隊のヘリコプター中隊が先行して、普天間に移駐されたという新聞記事が残る。

61年から普天間飛行場で物資補給係として働いていた崎浜秀松さん（79歳）は、幾つかの部隊が混在し、４、５カ所の格納庫にヘリコプターや固定翼機が入っていたことを覚えている。

現在はＭＶ 22 オスプレイ 24 機を含む 58 機が常駐する米軍普天間飛行場。2015 年 12 月、宜野湾市

一方、周辺の高校生が基地内で部活動の練習に励むなど「軍事施設とは思えない牧歌的な感じがあった」と懐かしむ。60年代は、今よりもはるかに飛行が少なかったと記憶する。

当時の米国内での普天間の位置付けについて、近畿大学講師の川名晋史さん（36歳）が公文書を入手し、明らかにした。68年12月の段階で、米国防総省が閉鎖を検討していたという内容だ。

川名さんによると、69年の普天間所属機はヘリ4機、固定翼16機。海兵隊航空機は朝鮮半島有事の際、到着までに時間がかかり、同省は「決定的な役割を果たせない」と分析していた。

ところが69年9月、首都圏の航空基地を整理縮小する目的で、神奈川県厚木基地のヘリを普天間に移設する計画に修正した。普天間閉鎖は日の目を見ずに消えた。

逆に69年11月から、第1海兵航空団第36海兵航空群の拠点施設となり、70年以降、ヘリ80機、固定翼26機に増強された。

68年6月に福岡県板付所属のＦ４戦闘機が九州大学構内に墜落するなど、本土の反基地感情が高まっていたことが背景に重なる。川名さんは70年安保を前に「首都圏から基地を遠ざけるために沖縄の基地が収容場所になった」と考える。

その後、嘉手納の補助飛行場として滑走路が整備され、航空機誘導用レーダーや格納庫が新設されるなど機能強化が進んだ。


宜野湾市の基地政策部長を務めた山内繁雄さん（64歳）は、政治的な事情で普天間に機能を押し付け、重要性が増すうちに返還できず、固定化したと憤る。

「普天間の閉鎖を検討していたという事実からは、現在、政府が言うような地理的優位性や抑止力、海兵隊の地上部隊と航空部隊の一体的運用といった海兵隊を沖縄に駐留させる意義や理由が、後付けで、政府にとって都合のいい解釈ではないか、と指摘せざるを得ない。辺野古新基地は普天間より機能が強化され、米軍はますます手放さず、固定化されかねない」

誤解だらけの沖縄基地

■33■

普天間飛行場の周りに住民は進んで住み着いたのか？

――「危険への接近」司法は否定

ベストセラー作家の百田尚樹氏による米軍普天間飛行場に関する発言は「もともとは田んぼだった」という基地の形成過程に加えて「(住民は)商売になるため基地の周りに住みだした」という〝誤解〟がある。

こうした考え方は、住民が原告となって国に普天間の米軍機飛行差し止めを訴えた普天間爆音訴訟でも国側が「危険への接近」の法理として主張した。

だが、普天間爆音訴訟で司法が「危険への接近」を認めたことは一度もない。

住民が求める飛行差し止めは、国は米軍の活動を制限できる立場にないとするいわゆる「第三者行為論」によって認められていないが、２００８年の一審判決、10年の控訴審判決ともに、国の「危険への接近」の主張は排斥《はいせき》され、騒音を違法として住民への賠償を国に命じた。

海外演習から帰還し、訓練で住宅地上空を飛ぶオスプレイ。
2013年9月24日、宜野湾市大謝名

　具体的には、国は裁判で「住民が自由な意思決定によって選択した結果は、自己が負担することが原則だ」として住民が危険を認識したまま騒音という被害を受けた場合、加害者に責任はないと訴えた。

　一方で、住民側は「普天間は戦後に米軍が住民を収容している間に造られ、危険の方から接近した」とし、危険への接近の法理は適用されるべきではないと反論した。

　双方の主張に対し司法は08年の一審で「沖縄本島の中部地域は騒音の影響を受けない地域が狭い。沖縄の人は地元回帰意識が強く、普天間周辺の歴史的事情がその意識を強くしている」、10年の控訴審でも本島中部で米軍基地の騒音から逃れるのは難しいとし「原告（住民）は地縁などの理由でやむを得ず周辺に転居したもので非難されるべき事情は認められない」とそれぞれ国の主張を退けた。

実際に「危険への接近」は法理の一つとして民間空港などから派生する公害をめぐる訴訟で適用されるケースはある。

ただ、普天間をはじめとする沖縄の米軍基地は戦後に民有地を強制接収された後に造られたという明らかに歴史的、社会的な特殊事情があり、司法はその背景を考慮した格好だ。

危険への接近は普天間だけでなく、嘉手納基地の周辺住民による嘉手納爆音訴訟で１９９４年の一審判決が国の主張を認めたものの、その後の98年の控訴審判決から２００９年の２次訴訟控訴審判決まで一貫して否定されている。

普天間爆音訴訟原告団の島田善次団長は、終戦直後の普天間周辺の様子を振り返り、「住民は戦後、故郷と離れた収容所に集められ、いざ宜野湾に戻ると、基地が造られていた。住民は残された土地で簡素な木造の掘っ立て小屋で暮らし、基地内では軍人が庭付きの広い家に住んでいた」と、悔しさをにじませる。

司法でことごとく否定されている住民による危険への接近という考え方が、百田氏をはじめとする本土側に残る現状を嘆きながら続けた。

「メディアを含め、本土側は遠い沖縄のことは無関心。あるいは都合よく解釈しておけばいいとでも思っているのかもしれない」

米軍普天間飛行場近くの広場で遊ぶ子どもたち。奥に駐機しているのは垂直離着陸輸送機ＭＶ 22 オスプレイ

Ⅵ章 海兵隊の抑止力をめぐる誤解

（1）在沖海兵隊の歴史

沖縄の海兵隊は、もともと沖縄に駐留していたわけではない。1955年以降に岐阜や山梨、静岡から移ってきた。米軍がらみの事件、事故が相次ぎ、本土側に反基地感情が高まったことが要因の一つといわれる。しかし、そのころも、その後も、今も、沖縄では同じような事件や事故が相次ぎ、同じように反基地感情が高まり、同じように基地の撤去を望んでいる。なぜ、沖縄に海兵隊の基地が集中するのだろうか。

＊1945年～57年　沖縄に部隊移転、反発は無視

1945年4月1日、米軍は沖縄本島に上陸した。海上に浮かぶ艦船から艦砲射撃の支援を受け、最初に足を踏み入れたのは「殴り込み部隊」と言われる海兵隊員だ。沖縄戦で、必要な土地を占領し、本土決戦に向けた出撃、補給の拠点づくりを始めた。

港や飛行場を奪い、陸軍や空軍を受け入れる体制を構築していった。4月5日には、読谷村比謝に軍政府を設置し、南西諸島と周辺海域を占領地域と定める「ニミッツ布告」を公布。日本の司法権、行政権の行使を停止し、軍政施行を宣言した。米軍は日本軍の陣地に攻め込むとともに、住民を収容所に追いやり、基地を拡大した。

旧日本軍が軍用地として取得した約600ヘクタールに対し、米軍はその30倍、沖縄本島の14％

にあたる約1万8千ヘクタールを確保したといわれる。

日本軍が開設した嘉手納飛行場や伊江島飛行場、上陸後に陸軍工兵隊がブルドーザーで造成した普天間飛行場のほか、キャンプ・ハンセン、コートニー、フォスター、キンザーなど、現在の在沖米軍主要施設のほとんどは軍事占領や強制接収した土地にある。

ところで、沖縄戦で最初に上陸した海兵隊はそのまま沖縄に居座ったわけではなく、戦後に米本国などへ引き上げている。

陸軍と空軍が中心だった沖縄に海兵隊が移駐したのは、日本が主権を回復し、沖縄が日本の施政権から引き離された1952年のサンフランシスコ講和条約の発効以降だ。

朝鮮戦争の後方支援で、53年に岐阜や山梨・静岡に配備された海兵隊の第3海兵師団のうち、第9連隊が55年、司令部が56年、第3連隊が57年に次々と沖縄に移った。

なぜ沖縄だったのか。

沖縄国際大学の山本章子非常勤講師によると、53年の朝鮮戦争休戦後、米政府は軍事費削減に着手し、国外の陸軍や海兵隊の撤退を開始した。一方、軍側は54年5月の第一次台湾海峡危機の勃発を機に、日本に海兵隊1個師団を配備する必要があると要求、ウイルソン国防長官は54年8月、第3海兵師団の沖縄移転を決めた。

ただ55年に第9連隊が移った後、沖縄では56年6月以降、米施政権下での基地拡張や地代の一括払いに反対する住民が大規模な大衆運動「島ぐるみ闘争」を展開していた。行政府、立法院、市町村会、市町村議会議長会、土地連でつくる「五者協議会」が主体となり、県民大会には、20万人が参加したとされる。

そのため米政府は移転先の再検討を迫られ、インドシナ有事に即応できるグアム案を模索していた経緯が公文書に記されている。

そんな中、57年1月に群馬県の演習場内で薬きょうを拾っていた女性を米兵が射殺する「ジラード事件」が発生した。国内で米軍への批判が相次ぎ、岸信介政権は、海兵隊や陸軍など米軍の陸上兵力の撤退を要求した。アイゼンハワー大統領は岸政権に配慮し、基地建設の進んでいた沖縄の金武町や名護市辺野古への移転を指示した。主要部隊である第3海兵連隊は予定通り、57年8月、沖縄のキャンプ瑞慶覧に移った。

つまり、「島ぐるみ闘争」が象徴するように、沖縄でも反発は強まっていた。しかし、米政府は一時的に沖縄移転をあきらめながら、群馬でのジラード事件を受け、本土での基地撤去運動、特に地上戦闘部隊の撤退要求が激化したことで、アイゼンハワー大統領は親米保守の岸政権を守る形で、沖縄への海兵隊移転を急いだことになる。

そこには軍事的な合理性よりも、政治的な思惑がはっきりと見える。

ルポライターの鎌田慧さんは「私たちの先輩は『日本から基地は出て行け』と求めた。『出て行け』と言った側は、基地を追いやったこと、それにより事件や騒音の被害が続く沖縄の痛みを感じなくなった。本土の反基地運動は沖縄とともにあったわけではないことをあらためて思う」と当時の状況を振り返る。

沖縄では55年に6歳の女児が強姦、殺害され、基地内のゴミ置き場に捨てられる事件が発生、米兵が逮捕された。強引な土地の接収を含め、住民の基地に対する反発は本土と同様に高まっていたが、顧みられることはなかった。

※1957年〜72年　米「普天間」撤退検討、本土の事故で一転強化へ

沖縄に配備された海兵隊の兵力は増強され、1964年に1万6千人を超えた後、65年に7千人台に減る。ベトナム戦争への出兵が要因だ。司令部も地上部隊も沖縄からベトナムへ移動した。

60年から続くベトナム戦争は泥沼化し、軍事費削減を迫られた米国防総省は68年12月、在日米軍再編計画の中で、宜野湾市の普天間飛行場閉鎖を含めた在沖海兵隊の撤退を検討した。元近畿大講師、川名晋史さんの研究で明らかになった。

60年に空軍から海兵隊に移管された普天間飛行場について、解禁された68年の米公文書では「海兵隊の航空機は朝鮮有事の際、到着まで時間がかかるため、決定的な役割を果たせない」と理由を挙げていた。当時は、ヘリコプター4機が常駐するだけで、滑走路には雑草が茂っていたという記録もある。

しかし、68年5月の長崎県・佐世保での米原子力潜水艦放射能漏れ事故、6月の福岡県でのF4ファントム機墜落事故が起き、ベトナム戦争の反対運動と合わせ、日米関係が揺らいでいる時期で

在沖海兵隊の形成をめぐる主な動き

1945年6月	沖縄戦の組織的戦闘終結
50年6月	朝鮮戦争始まる
52年4月	サンフランシスコ講和条約発効
53年4月	米軍布令109号「土地収用令」を適用し、真和志、宜野湾、伊江などで「銃剣とブルドーザー」による土地の強制接収が始まる
8月	朝鮮戦争休戦協定成立の直前、米海兵隊第３海兵師団の司令部をキャンプ岐阜、第３連隊を山梨と静岡にまたがるキャンプ・富士、マックネイア、第４連隊をキャンプ奈良に配備
54年8月	ウィルソン米国防長官が第３海兵師団と韓国の第１海兵航空団の沖縄移転を決定
55年7月	第９連隊がキャンプ岐阜、大阪のキャンプ堺などを経て、沖縄のキャンプ・ナプンジャに移転
56年2月	第３海兵師団司令部がキャンプ・コートニーに移転
6月	沖縄で軍用地拡大や低額地代の一括払いに組織的に反対する島ぐるみ闘争を展開
57年8月	第３連隊がキャンプ瑞慶覧に移転。統合参謀本部が第３海兵師団と第１海兵航空団の沖縄移転の戦略的目標を公表
65年3～5月	司令部、各部隊が南ベトナムに移動
69年8月	第９連隊が南ベトナムからキャンプ・シュワブに移転
11月	南ベトナムから司令部がコートニー、第４連隊がハンセン、第１海兵航空団司令部が瑞慶覧にそれぞれ移転
72年5月	沖縄返還
75年	ベトナム戦争終結
78年	在日米軍の駐留経費の一部を日本側が負担する「思いやり予算」スタート
92年9月	キャンプ・ハンセンに第31海兵遠征部隊を再編成
96年4月	日米が普天間飛行場返還で合意
2006年5月	日米両政府が在日米軍再編最終報告に合意
13年4月	日米両政府が嘉手納基地より南の６施設・区域の返還に伴う統合計画を発表

もあった。

最終的に国防総省は69年9月、計画を修正。住宅の密集する首都圏の航空基地を縮小する中で、厚木基地（神奈川県）のヘリコプターを普天間に移設することを決めた。普天間の閉鎖、海兵隊の撤退どころか、機能強化に拍車がかかった格好だ。

米国のアジアにおける防衛計画では沖縄の基地使用が前提となった。ベトナムに渡った第3師団の部隊は69年8月から11月までに沖縄に戻ったほか、海兵隊の航空部隊である第36海兵航空群が普天間を本拠地とすることになった。

そのころ沖縄でも悲惨な航空機事故が起きている。59年6月、空軍のジェット戦闘機が制御不能となり、石川市（現うるま市）に墜落。民家35軒をなぎ倒した後、宮森小学校の校舎を直撃、炎上し、児童11人を含む17人が死亡した。2時間目を終え、ミルクの時間を迎えた児童らの笑い声が一瞬で消えた。

62年12月には、具志川村（同）川崎に米軍ジェット機が墜落し、住民2人が死亡、7人が重軽傷を負った。68年には、ベトナムに向かうB52爆撃機が爆弾を積んだ状態で嘉手納基地内に墜落し、爆発、炎上している。

航空機事故が同じように起きていながら、本土では米軍飛行場が縮小され、沖縄ではその役割、機能が強化されていった。

＊１９７２年～95年　基地残し沖縄返還、政府は海兵隊重視へ

沖縄の本土復帰を目指した沖縄県祖国復帰協議会が「即時無条件全面返還」を掲げ、全米軍基地の撤去を求めたのに対し、日本政府の考え方は「核抜き・本土並み」だった。しかし、実際は「本土並み」どころか、巨大な米軍基地を残したまま、１９７２年5月、沖縄は本土復帰を迎えた。

それ以降、米軍基地が大幅に縮小された本土と対照的に、日本政府は在沖海兵隊の存在を重視するようになった。基地が固定化されていくことになる。

沖縄国際大学の野添文彬准教授の研究によると、東アジアの緊張緩和が進んだ72年10月、米国防総省が海兵隊を沖縄やハワイなどの太平洋地域から撤退させる案を検討していたことが、豪外務省の公文書で明らかになっている。米側は「(沖縄に駐留するより）米本土の基地に統合した方が安上がりで効率的」と説明したという。

日本側は翌73年7月の日米安全保障条約運用協議会で、「アジアにおける機動戦力の必要性を踏まえると、海兵隊は維持されるべきだ」と主張し、引き留めにかかった。駐日米大使館は、日本政府内の海兵隊重視の姿勢が強まれば「交渉上の〝テコ〟に使える」とワシントンに報告を上げている。

73年1月に日米合意した関東平野の空軍基地を横田に統合し、6つの基地を日本側に返還する「関東計画」や那覇空港の完全返還などでは、日本側が移転などに必要な費用を支出した。78年には日本が米軍駐留経費を負担する「思いやり予算」が始まった。

〝テコ〟を利用することで、日本側の財政負担を引き出し、米側にとっての財政負担が減った。米軍が日本に駐留する利点が増えた形になる。

75年のベトナム戦争終結後、沖縄に駐留していた米陸軍は削減された。代わって、海兵隊の司令官が在沖米軍トップの四軍調整官を務めるようになった。山口県・岩国基地を本拠としていた第3海兵遠征軍の航空部隊を指揮する第1海兵航空団司令部も沖縄に移転した。これにより、広い訓練区域を持つ沖縄で海兵隊は空と陸の部隊を一体的に運用することが可能となった。

89年の冷戦終結後も、沖縄の米軍基地・施設の面積は大幅に縮小されることはなかった。沖縄返還後の基地面積の推移をたどると、在日米軍専用施設面積に占める沖縄の割合は72年の58・7％から73年の73％と増えた後、95年は75％と、国土面積の0・6％の沖縄で、過重負担の状態が続いている。

70年代初めに日本本土の米軍基地が大幅に縮小される一方、沖縄では基地が海兵隊を中心に維持・強化されたためだ。

基地、施設、訓練区域が集中することで、利便性が高まり、沖縄の重要性が増すことで、基地の固定化を招いた。一方で、地上戦闘部隊が姿を消した本土では基地問題に無関心が広がったのではないか。

その構図が現在まで続いている。

＊1995年〜2016年　暴行事件の怒りは返還・負担軽減へ進まず

１９９５年の米兵３人による暴行事件を受け、県内の米軍基地に対する反発は一気に爆発した。日米地位協定で容疑者の身柄の引き渡しを拒否されたこともあり、怒りは大きなうねりとなった。事件に抗議し、地位協定の改定を求める10月の県民大会には8万5千人が集まった。

日米両政府は、在沖米軍基地の整理縮小・統合と日米同盟の強化を目的とした日米特別行動委員会(ＳＡＣＯ)を設置。橋本龍太郎首相（当時）が先頭に立って交渉し、翌96年の中間報告では普天間飛行場を含む11施設、５００２ヘクタールの返還を明記した。沖縄の怒りを静める狙いがあった。しかし、５〜7年を目指した普天間返還が名護市辺野古への移設で難航しているように、米軍北部訓練場、那覇港湾施設、牧港補給地区などの返還は、県内に機能を移設するという条件が高いハードルとなり、実現していない。

２００５〜06年の在日米軍再編では、辺野古移設とグアム移転、嘉手納より南の基地返還を「パッケージ(一体)」とした。辺野古に新基地ができない限り負担軽減は進まないと、「脅し」に使われたが、12年の民主党政権でパッケージを見直した。13年4月に日米合意した統合計画では、大まかな返還時期を示したが、「22年度またはその後」とされた普天間をはじめ、多くの基地で返還の見通しが立っていない。

ＳＡＣＯ合意後、在日米軍専用施設面積に占める沖縄の割合は１９９５年の75％から２０１４年の74・4％と0・6ポイントの減少にとどまり、目に見えた負担軽減が進んでいない現状が浮かび上がる。

その間も、沖縄では米兵による連続放火や女性暴行、航空機の墜落などが相次いでいる。

※2016年～未来　統合計画もなお重い負担、将来像描けず

米軍基地の集中する沖縄の今後の負担軽減策として、日米両政府が持ち出すのが、嘉手納基地より南の6施設・区域の「統合計画」だ。人口の密集する本島中南部地域の基地面積の68％、1048ヘクタールを返還する予定。そのほとんどは海兵隊基地で、1996年のSACO最終報告で返還合意しながら20年以上実現せず、積み残した課題に大まかな返還時期と条件を定めた内容にとどまっている。

1048ヘクタールは東京ドーム220個分の広さだが、北部地域を含めた県全体の基地面積のわずか4・5％にすぎない。逆に北部地域に機能を集約し、使い勝手が良くなることで、さらなる基地の固定化、負担の固定化につながるのではないか、という懸念も払しょくできない。

統合計画に合意した2013年4月以降、返還されたのは浦添市の牧港補給地区（キャンプ・キンザー）北側進入路1ヘクタールと宜野湾市のキャンプ瑞慶覧西普天間住宅地区52ヘクタールの計53ヘクタール。残り995ヘクタールのうち85％にあたる841ヘクタールは、普天間飛行場の名護市辺野古への移設をはじめ、県内に機能を移設することが条件になっている。

普天間飛行場はＳＡＣＯ最終報告では01～03年の返還を目標としていたが、統合計画では辺野古移設が完了することを条件に22年度以降に返還することになっている。しかし、辺野古の新基地は、艦船の接岸可能な護岸や弾薬を搭載するエリアなど普天間にはなかった機能を設置する予定で、県内では「機能強化につながる」と反対の声が根強い。

翁長雄志知事も、稲嶺進名護市長も反対の姿勢を崩しておらず、国、政府の前代未聞の訴訟に発展するなど、移設作業は困難を極めている。

そのほか、浦添市の牧港補給地区は倉庫群を沖縄市や読谷村へ移転後の24年度以降、那覇港湾施設は浦添市へ移設できれば28年度以降の返還となっているが、具体的なめどは立っておらず、返還が実現できるか、どうかは不透明な状態と言える。

実際に、統合計画のすべてが完了しても、在日米軍専用施設面積に占める沖縄の割合は、13年の73・8％から73・1％と0・7ポイントの減少にとどまると予測されている。全国と沖縄との負担の不平等は解消されない。

さらに、統合計画完成の目標年度となる28年度以降の返還計画は立っておらず、大幅な整理縮小にはほど遠い。

沖縄県が策定した沖縄21世紀ビジョンでは将来像として、「基地のない平和で豊かな沖縄」を描いているが、その姿はまだ見えない。

（2）海兵隊をめぐる事件・事故の概要

米軍基地の集中するようになった沖縄では、米軍関係者による事件・事故のほか、航空機の墜落、部品落下、不時着、昼夜を問わない騒音、山火事や環境汚染などが日常的に繰り返されている。日米安保条約の〝恩恵〟を国民全体で共有しながら、負担は基地の所在する地域にのしかかる。本土は知らないのか、知らないふりをしているのか。この現状に目を向けようとしない。

＊航空機の事故等で32人犠牲―「普天間」の危険性を放置

沖縄戦以降、沖縄の空には間断なく米軍機が飛び交い、悲惨な事故を繰り返してきた。墜落や燃料タンクの落下などにより、戦後、少なくとも32人が犠牲になり、負傷者は２３０人を超える。県の統計がある１９７２年の本土復帰以降でも、パンクなどを含めた事故は６００件を優に上回る。

戦後、沖縄県内の米軍機事故で最も多くの犠牲者を出したのが、59年6月30日に起きた「宮森小学校戦闘機墜落事故」だ。白昼の小学校にＦ１００戦闘機が突っ込み、児童や住民17人が死亡した。墜落だけでなく、米軍機からの落下物による被害も繰り返されてきた。50年8月2日、読谷村喜名の民家に米軍Ｆ80戦闘機から補助燃料タンクが落下、３歳の女児が命を失うという痛ましい事故が起きた。

具志川村（当時）へのＦ１００戦闘機墜落、読谷村でパラシュート投下のトレーラー落下……。

米軍機は戦禍を生き延びた人々の命を無残に奪い続けた。

「空からの恐怖」は戦後72年たった今も続く。２００４年には沖縄国際大に米海兵隊のヘリが墜落した。「世界一危険な飛行場」といわれながら、宜野湾飛行場の危険性は除去されていない。それどころか、ヘリは12年、オスプレイに替わった。開発段階から事故が多く、沖縄では県議や市町村の代表が東京を訪れ、配備撤回を求めたが、一顧だにされず、今も市街地上空を飛び続ける。

16年9月には、海兵隊の攻撃機ＡＶ８Ｂハリアーが沖縄本島東の海域に墜落した。岩国基地所属だが、訓練のために嘉手納基地を離陸した。沖縄周辺には27カ所、約５５０万ヘクタールの訓練水域、20カ所、約９５０万ヘクタールの訓練空域と広大な訓練区域を持つ。日本で唯一の実弾射爆撃場もあり、外来機が頻繁に飛来することも問題になっている。

さらに墜落したハリアーの同型機は、「事故原因を究明するまでの飛行停止」を求めた沖縄県の意向を無視するように、事故からわずか7日後に飛行を再開した。県民の命に関わるような問題といえども、国や自治体が米軍の運用に口だしできない実態をあらためて見せつけられた。翁長雄志知事は「県民の不安を増大させ、信頼関係を著しく損なうもので大変遺憾」とコメントした。

＊爆音被害、環境基準超え常態化―飛行制限措置は名ばかり

県民は、米軍機が昼夜関係なくまき散らす爆音にも苦しめられ続けてきた。

県の測定では２０１４年度の騒音は、嘉手納基地周辺の北谷町砂辺で日平均64回と最多で、平均

70デシベルと環境基準62デシベルを大きく上回る。

住宅密集地や早朝、深夜を問わない離着陸から発生する爆音にさらされる住民は、日米両政府へ改善を求めてきた。

日米両政府は、１９９６年に日米合同委員会で嘉手納基地と普天間飛行場の航空機騒音規制措置を決め、「午後10時〜午前6時の飛行は必要な場合を除き制限する」「学校や病院、住宅密集地の上空を避ける」ことで合意した。

だが、現状は米軍の運用が優先され、夜間・早朝や住宅地上空での飛行は常態化している。

２０１４年度の午後10時〜午前6時の騒音では嘉手納町の屋良B地区が月平均１１７回、屋良A地区が１０５回に上る。

１９９６年の騒音規制措置の日米合意前後を比較しても、夜間・早朝の騒音発生件数は屋良A地区で月平均３２４回（95年）が一度は２００７年に82回まで減ったものの、14年には１４３回と再び増加している。規制措置が形骸化している現状が浮かび上がる。

＊山火事・流弾事故―復帰後５８８件、３７９５ヘクタールが焼失

米軍による訓練は、人命だけでなく沖縄の自然も破壊している。米軍は、名護市や宜野座村、恩納村、金武町にまたがるキャンプ・ハンセンやシュワブで日常的に実弾射撃演習を実施している。

この実弾演習により、近隣の山ではたびたび火災が発生する。復帰から２０１５年までの43年間

で588件の火災が発生し、焼失面積は計3795ヘクタールに上る。ほぼ、金武町の面積と同じだ。16年も半年間ですでに9件起きた。

弾は、近くの集落や市民にも危害を与える。金武町の中でも射撃場に近い伊芸区では被害が多く、1956年以降、16件の流弾事件が確認されているという。56年には庭先で遊んでいた3歳の女児の太ももを流弾が直撃した。64年9月には、小銃弾が民家の屋根を貫通して19歳の女性の大腿部に当たり重傷を負った。

2005年、米軍はハンセン「レンジ4」の都市型戦闘訓練施設で実弾射撃訓練を開始した。1万人規模の反対集会が開かれたが、その後も訓練は続き、08年には流弾とみられる弾が民家の車にめりこむなど、今もなお〝実弾〟におびえる日々が続く。

沖縄タイムス特約通信員が情報公開請求で入手した内部資料によると、航空機燃料や軽油、消火剤などの流出による環境汚染は、嘉手納基地で2010〜14年に206件、普天間飛行場で05〜16年に156件が発生している。このうち日本側へ通報したのは、嘉手納基地で39件、普天間飛行場で4件にとどまる。基地外に住む人たちの健康にも影響する事故だが、日本側に知らされていない実態が浮き彫りになった。

＊奪われた尊厳—強姦、殺人、交通死亡など被害者620人超

米軍関係者による殺人や強姦、強盗、窃盗、傷害など身勝手な事件や事故は、戦後から現在まで

数え切れないほど繰り返されてきた。

中でも、1945年以降に発生した強姦殺人、殺人、交通死亡事故、強姦の県民の命と尊厳を奪う理不尽な事件事故での犠牲者は、県や民間団体の資料、文献などで確認できただけでも、強姦殺人事件22人、殺人事件75人、交通死亡事故202人、強姦（未遂含む）321人。生後9カ月の乳児から高齢者まで、少なくとも620人が犠牲になった。

人口の多い那覇市や、米軍基地が隣接する中北部に集中。泣き寝入りや発覚していない事件も多く、表に出ている数は〝氷山の一角〟とされる。

＊復帰前の米兵の〝暴走〟、県民は泣き寝入り

米軍施政権下の琉球政府立法院（現在の県議会にあたる）は、1952年の初議会から72年の本土復帰までの20年間に、政治的課題に関する計322件の決議を行っている。そのうち米軍がらみの事件・事故など基地関連の決議が100件で約3割を占める。

「迷宮入り」「無罪」……。米軍がらみと思われる事件事故を伝える当時の新聞には、そんな見出しが並ぶ。沖縄戦でありとあらゆるものを失いながら必死で生き残った後も、米軍統治下の「圧政」「人権侵害」の中で怒りと苦しみ、悲しみに押しつぶされてきた県民。米軍犯罪の多くは裁かれず〝泣き寝入り〟となった事件は数知れない。

容疑者が米兵の場合、たとえ琉球警察が逮捕しても身柄を米軍側に引き渡さなければならず、裁

在日米軍専用施設面積に占める本土と沖縄の割合の変遷

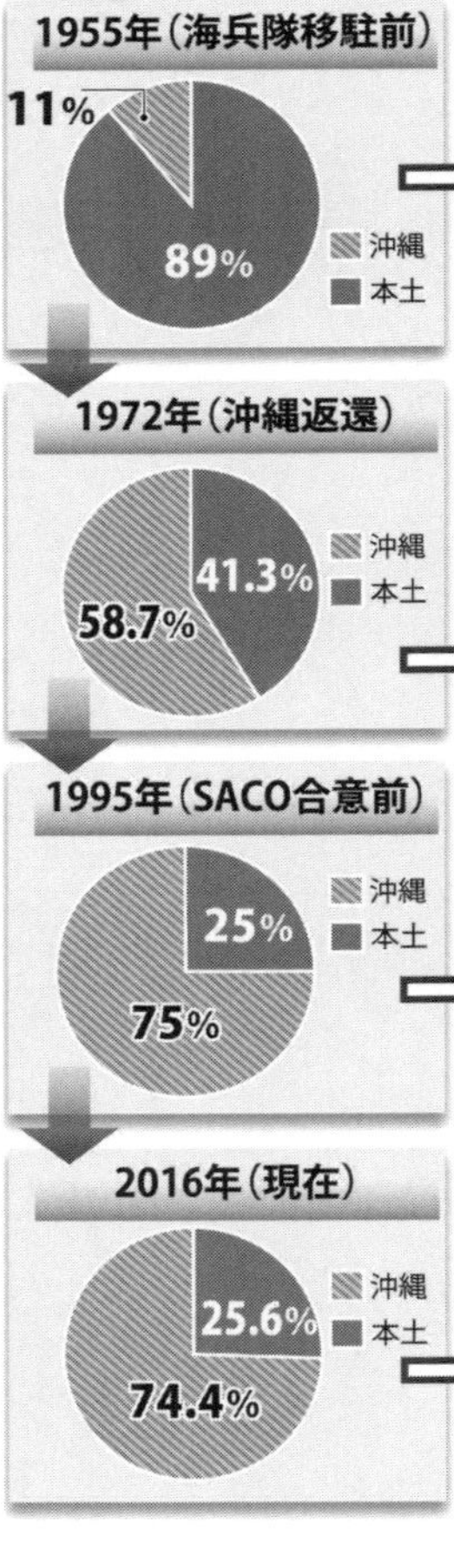

米軍がらみの主な事件事故

米兵が６歳の女の子に暴行し、殺害。嘉手納村内のゴミ捨て場に遺棄（1955年９月）
群馬県の米軍演習地内で米陸軍兵が日本人女性を射殺（57年1月）
石川市（現うるま市）の宮森小学校に空軍ジェット機が墜落（59年6月）
具志川村（現うるま市）川崎に空軍ジェット機が墜落（61年12月）
那覇市で信号無視した米軍トラックに13歳の男の子がはねられ、死亡（63年2月）
読谷村内の米軍パラシュート訓練でトレーラが直撃、11歳女児が死亡（65年6月）
空軍ファントム機が福岡市の九州大学構内に墜落（68年6月）

沖縄市で海兵隊員が女性を暴行し、殺害（72年9月）
名護市で海兵隊員が強盗に入り、女性を殺害（74年10月）
厚木基地を離陸したファントム機が横浜市内で墜落。市民３人死亡（77年9月）
名護市で海兵隊員が女性を暴行し、殺害（82年7月）
冷戦終結（89年）
沖縄市で海兵隊員２人が男性を殺害（85年1月）

宜野湾市内で海兵隊員が女性を殺害（95年5月）
海兵隊員ら３人による暴行事件（95年9月）
北谷町で海兵隊員が連続放火（2001年1月）
宜野湾市の沖縄国際大学に海兵隊大型輸送ヘリが墜落（04年8月）
読谷村で陸軍兵が男性をひき逃げ、死亡させる（09年11月）
海軍兵２人が女性に集団暴行。グアムへ出国直前に逮捕（12年10月）

海軍兵が那覇市内のホテルで酒に酔って眠っていた女性に暴行（16年3月）
元海兵隊員の軍属の男が女性を殺害、恩納村内に遺棄（16年4月）

判権も沖縄側にはなかった。凶悪犯罪でさえ沖縄の人に不利な判決が出ることが多く、補償も満足とはほど遠い内容だった。

55年9月、米軍人による幼女殺人事件が発生。軍事法廷は被告の軍曹に対し死刑を宣告したが、帰国後に減刑された。同時期は、米側の土地強制接収に反対した「島ぐるみ闘争」の勢いが増していた頃で、各地で抗議集会も開かれた。

「再発防止」を何度も何度も求めても、米軍犯罪の〝暴走〟は止まらない。当時の新聞をめくると「59年10月、旧コザ市で20代女性を絞殺」「61年7月、旧久志村で40代女性を刃物で殺害」「同年9月、旧コザ市で米兵の車が児童4人をひいて逃走し、うち2人が死亡」「63年7月、旧美里村で20代の女性が絞殺」「65年6月、読谷村で米軍機からトレーラーが落ち、小学生が死亡」など連日、米軍がらみの事件事故が報じられている。

軍人の身内による軍事法廷では、無罪判決が繰り返されてきた。

63年2月、那覇市で下校途中の男子中学生が米兵の車にはねられて死亡。70年9月にも旧糸満町内で50代の女性がはねられ死亡した。

それぞれの被告が無罪となったことなどを契機に、県民の抑えられない怒りが噴出し、コザ騒動に発展した。

※復帰後の刑法犯5862件は氷山の一角

1972年の本土復帰から2014年までの間に発生した、米軍人・軍属とその家族による犯罪数（県警まとめ）をみると、刑法犯罪の検挙件数は5862件だ。そのうち殺人、強姦、強盗、放火の「凶悪事件」は571件に上る。

本土復帰後も、日米地位協定で日本側の捜査権や裁判権は制限されたまま。米軍がらみの事件事故は繰り返されている。

1975年、海兵隊上等兵曹長が女性2人を暴行する事件が発生した。大きな社会問題に発展し、事件を糾弾する県民大会が開かれた。

80年代に入っても「名護市で海兵隊上等兵による女性絞殺事件」「金武町で米兵2人が40代のタクシー運転手を刺殺」など殺人事件が多発した。

95年9月、米海兵隊員3人による暴行事件が起きた。事件の根っこにある米軍基地の整理・縮小を求める県民運動が起こり、日米両政府は翌96年、米軍普天間飛行場の返還を合意した。

しかし日米地位協定については、凶悪犯罪は米側が起訴前の容疑者引き渡しなど「好意的な配慮を払う」との運用改善の対応でとどまり、その後も米軍がらみの事件事故のたびに同協定の欠陥が浮き彫りになった。

2001年1月、軍人の息子らによる連続放火事件を皮切りに、海兵隊員の強制わいせつ事件、連続放火事件が立て続けに発生した。

沖縄県議会が「海兵隊を含む在沖米軍兵力の削減」を求める決議を行い、米軍への不満は全県的に広がった。

にもかかわらず同年6月にも本島中部で暴行事件が発生した。

米軍は日米地位協定に基づき、容疑者の身柄引き渡しを拒否したため、あらためて地位協定見直しを求める声が噴出した。

08年2月、本島中部で女性に暴行したとして、県警が海兵隊員を強姦容疑で逮捕したが、被害者の告訴取り下げで米兵は不起訴になった。翌3月に「米兵によるあらゆる事件・事故に抗議する県民大会」が北谷町内で開かれた。

特に、女性の人権を踏みにじる性犯罪は被害者が告訴しないケースもあり、実数はさらに多いとされる。表に出てくるのは「氷山のほんの一角」に過ぎない。

２０１６年も5月までに那覇市で準強姦事件、それに続いて死体遺棄・殺人事件と立て続けに事件が起きた。

戦後72年、本土復帰45年を経ても変わらない現実がある。

誤解だらけの沖縄基地

■34■

海兵隊撤退、動き出す

——建白書にも合致「知事も乗れる」

自宅周辺で散歩に出掛けたまま、行方不明になっていたうるま市の会社員の女性（20歳）が、約3週間後の2016年5月19日、恩納村内の雑木林で遺体で発見された。

沖縄県警は死体遺棄容疑で、沖縄に駐留経験のある元海兵隊員で、与那原町に住む軍属の男（32歳）を逮捕した。県警の聴取に「2～3時間、車を走らせ、暴行する相手を探した」「後ろから頭を棒で殴り、車に連れ込んだ」などと供述したという。

送検後、殺人や強姦致死などの罪で起訴された。

男は嘉手納基地内の民間企業で働いていたが、米軍の特権を認める日米地位協定の対象者だった。

戦後、続いている「基地がある故の事件」を重く見た沖縄県議会は、5月26日の臨時議会で、事件に抗議する決議を自民会派などが退席した上で、全会一致で可決した。その中で、県議会としては初めて在沖海兵隊の撤退を求める内容を盛り込んだ。

「海兵隊撤退は、『建白書』を逸脱するものではない。知事も乗れる」

6月19日に開催が決まった元米海兵隊員の軍属による女性遺体遺棄事件に抗議する県民大会について、主催団体の代表らは6日夜、那覇市内の幹事会で方向性を確認していた。

繰り返される事件、事故に対する県民の怒りをどう表現するか。

議論は動いた。

「基地がある故の事件、事故」。仲里利信衆院議員は「全基地撤去だ」と口火を切った。仲里氏は沖縄県議会議長を務めた後、勇退していたが、13年12月に仲井真弘多前知事が名護市辺野古の新基地建設に伴う埋め立てを承認して以降、自民党県連顧問を辞め、14年12月の衆院選沖縄4区で、現職の自民・西銘恒三郎氏と対決し、当選した。

保守系の仲里氏の踏み込んだ提案に賛同もあったが、まとまったのは「在沖海兵隊の撤退」だった。正式名称は「元海兵隊員による残虐な蛮行を糾弾！　被害者を追悼し、沖縄から海兵隊の撤退を求める県民大会」と決まった。

「オール沖縄」を掲げる翁長雄志知事は、普天間飛行場の名護市辺野古移設反対とオスプレイの

遺体遺棄事件後に会見するニコルソン中将（右上）、嘉手納基地ゲート前での抗議集会（右下）、米軍北部訓練場での米海兵隊の訓練（左上）、事件の現場近くに供えられた花束やメッセージ（左下）のコラージュ

県内配備撤回を訴えてきた。２０１３年１月に県内41市町村の代表や県議が安倍晋三首相に手渡した建白書の内容だ。

一方、県議会が「在沖海兵隊の撤退」を盛り込む抗議決議案を可決した際には、「(自分の思いとは)紙一重の差ですから、政治的にどう表していくか、議論をしたい」と慎重に言葉を選んでいた。

知事の考えと差異があるように見えるが、出席者の１人は、「辺野古移設もオスプレイ配備も根源は海兵隊が沖縄に駐留していることだ。海兵隊が撤退すればすべてが解決する。建白書を逸脱せず、知事も県民大会に参加できると判断した」と強調した。さらに「事件、事故がなくならない現状を見れば、そこに踏み込むのは当然。そうしなければ、県民も納得しない」と付け加えた。

海兵隊は在沖米軍の兵力の6割、面積の7割を占める。さらに10～20代の若い隊員が数年のローテーションで配備される。幹事会では「事件、事故を起こすのはいつも海兵隊員」との指摘が上がった。

具体的な数値はないが、県民の肌感覚かもしれない。

沖縄戦で軍事占領した土地をきっかけに駐留を続ける米軍だが、海兵隊はもともと沖縄に存在したわけではない。

戦後に撤退し、朝鮮戦争の後方支援のために岐阜や山梨・静岡に配備された部隊が50年代に沖縄に移ってきた。ベトナム戦争時にいったん移動したが、再配備され、増強された。

在沖海兵隊に関する研究が進み、米国の軍事戦略以外に、日米の財政や政治のバランス、本土の反基地運動などの要因が大きく影響していることが分かってきた。さらに専門家の間で抑止力や地理的優位性といった機能面でも、沖縄駐留の必要性に疑問を投げ掛ける意見が相次いでいる。

全基地撤去に比べれば、海兵隊撤退は単なるスローガンではなく、「現実的」になりつつある。

誤解だらけの沖縄基地

■35■

全基地撤退、選択肢に

――過重な基地負担の中、駐留根拠は曖昧なまま

「100本のねじがあれば、どうしても2本くらいの不良品が含まれる」

元海兵隊員による暴行殺人事件を捜査する沖縄県警幹部は、数年前に米軍幹部から聞いた話を思い出していた。事件後に米軍や日米両政府が再発防止に取り組む矢先の2016年6月5日、米海軍の女性兵士が嘉手納町内の国道58号を飲酒運転の車で逆走し、2台の車と衝突する事故を起こしたからだ。

政府の「犯罪抑止対策推進チーム」が県内で警察官100人、パトカー20台を増やすといった対策をまとめた2日後だった。

別の県幹部は「警察官の増員は事件・事故の発生を前提とする措置」と指摘する。「基地の集中する沖縄がミサイル攻撃に遭いそうだから、迎撃ミサイルを配備しようというのと同じ発想。そこに基地があることで生じる不安は解消されない」と。

事件・事故をなくすため、米軍基地撤去を求める声が高まっている。2016 年 5 月 20 日、嘉手納基地第 1 ゲート前

そして「海兵隊撤退を求める意見が出てくるのは当然」と語った。

沖縄県は民主党政権だった2011年6月と12年6月の2度、在沖海兵隊の意義と役割について、防衛省に質問状を送った。

「沖縄は米本土やハワイ、グアムに比べ、朝鮮半島や台湾海峡といった潜在的紛争地域に近い（近すぎない）位置にある」という防衛省の説明に対して、「他の都道府県ではなく、なぜハワイやグアムとの比較か」「近い（近すぎない）とは具体的に何キロメートルなのか」と追及した。

防衛省の回答は県にとって曖昧《あいまい》なままで、「なぜ、海兵隊は日本の中で沖縄に駐留しなければならないのか」という問いに納得できる説明はなかったという。

当時の担当者は、「沖縄ありきの理由付けが目立ち、質問を繰り返してもらちが明かないと感じた」と振り返る。

一方、県が2次回答を得た直後の12年12月、当時の森本敏防衛相は、海兵隊の司令部と陸上、航空、後方支援の各部隊をまとめることができれば「沖縄でなければならないという地政学的、軍事的な理由はない」と発言した。

つまり全部隊を本土に移転できれば、海兵隊は沖縄以外でも役割を果たすことができる。それができないのは地政学的な理由でも、軍事的な理由でもなく、他に移設先を探せない政治的な理由だ、と現役防衛相が認めたことになる。

沖縄県内では基地の過重負担が事件・事故の根源という見方が広がるが、解決策には「全基地撤去」「海兵隊撤退」「基地の大幅縮小」などと温度差がある。

沖縄県幹部は、「いつ、何を、どうステージに載せるかは今後の展開次第ではないか」と見通しを示している。

誤解だらけの沖縄基地

■36■

本土から沖縄へと移駐

――米国、反基地感情の広がりを恐れて

国土面積の0・6％に、全国の米軍専用施設面積の74％が集中する沖縄。その原点は、72年前の沖縄戦だ。戦後、米軍は「銃剣とブルドーザー」で住民の土地を強制接収し、次々と基地を建設していった。県の統計では、現在、沖縄に駐留する米兵2万5千人のうち海兵隊は1万5千人で60％を占める。在沖米軍基地の70％を占有する。
兵力、面積ともに、沖縄では圧倒的な存在だ。

だが海兵隊は、沖縄戦で上陸してからそのまま沖縄に居座り続けているわけではない。
岐阜県と山梨県・静岡県に駐留していた第3海兵師団が、１９５６年に沖縄へ移ってきたのが在沖海兵隊の〝起源〟だ。

海兵隊が本土から沖縄に集約される背景には、「本土の反発」と「使い勝手のいい沖縄」が絡み合っ

強制測量に反対して警官隊の前に座り込む砂川町の女性たち。1955年9月13日

たからだ。

米軍は朝鮮戦争休戦を機に、米海兵隊約1万6千人をキャンプ岐阜（現・航空自衛隊岐阜基地）、山梨県と静岡県にまたがるキャンプ・マックネア、キャンプ・富士（現・陸上自衛隊北富士演習場周辺）に配備した。

両地域では、酔っ払った米兵による殺人や暴行、発砲事件などが相次ぎ地元の反基地感情が高まっていた。

同時期の1955年には東京・立川基地で拡張計画が発表され、土地収用に反対する住民らが「砂川闘争」を展開するなど、反基地運動は全国に広がりをみせていた。

一方、沖縄では米国民政府が53年に「土地収用令」を公布し、各地で強制的な土地接収を始めていた。本土の反米感情の高まりを恐れた米国は、当時占領下にあった沖縄に海兵隊を移す計画を立案する。

だが、当の米側から沖縄移駐に反対の声が上がった。55年5月、スティーブス在沖米総領事は沖縄の住民運動を懸念し、「移駐計画を中止させるぎりぎりの努力を払うべきだ」と国務省へ文書で働きかけた。

「陸軍省、極東司令部、海兵隊上層部ですら反対だ」と、米軍幹部も移駐に否定的だったことも明記されている。

しかし56年2月、本土の海兵隊は沖縄へ移駐を始めた。米施政権下にあり、憲法も及ばない「オキナワ」を使うことを決めた。

沖縄移駐の背景には、台湾海峡危機のほか、日米安保条約、米軍基地への本土の反発を鎮める狙いが垣間見える。それを裏付けるように、56年12月に米国務省のパーソンズ北東アジア課長が作成した内部文書に、米側の狙いが記述されている。

「米軍基地の存在を（日本国民の）目にとまりにくいようにし、反基地感情を減らすべきだ」

米、沖縄返還時に撤退検討
——日本政府が引き留め

「海兵隊を沖縄から撤退させる」

1972年5月の沖縄返還の前後、米側では在沖海兵隊撤退の動きがいくつもあった。理由は、東アジアの緊張緩和、ベトナム戦争で疲弊する米国の財政事情、広大な基地を抱える沖縄の不満だ。

沖縄国際大学の野添文彬准教授（日本外交史）の研究によると、米政府が73年に在韓米陸軍と在沖海兵隊の撤退を検討し、国務省が支持していたことが明らかになった。この案に反対していた米統合参謀本部も、沖縄からの米軍の移転に備え、テニアンでの基地建設を計画していた。

統合参謀本部史には、実現しなかった要因の一つとして「日本政府が沖縄の兵力維持を望んだ」と明記されている。

海兵隊第3師団は50年代に沖縄に配備後、65年に南ベトナムに移動している。司令部や地上部隊が沖縄に戻ったのは、沖縄返還が決まった69年11月だった。その後、駐留が続く。

米軍関係者の事件・事故に県民の不満が爆発したコザ騒動。事故処理のＭＰが群衆に威嚇発砲したことで、群衆が駐車中のＭＰ車や外国人車に次々と放火し、73 台が炎上した。1970 年 12 月 20 日

沖縄返還の72年には、在沖米軍の軍人数は4万1171人、面積は2万7850ヘクタール。在日米軍専用施設面積に占める割合は58・7％に上った。

日米両政府は沖縄の負担を放置したわけではない。返還前から沖縄側は基地の撤去、縮小を要求、70年には不満が爆発したように「コザ騒動」が起きている。70年12月20日未明、コザ市（現沖縄市）の路上で米軍人の起こした人身事故の一方的な処理と、憲兵隊の威嚇発砲に怒った沖縄の群衆が、米軍車両を次々と焼き打ちした事件だ。

当時の沖縄では、米軍人による事件・事故が相次ぎながら、軍事裁判では「無罪」判決が続いていたことが遠因と言われる。米施政権下での人権侵害と沖縄の憤りを象徴する事件として、歴史に刻まれている。

日米は「圧倒的な負担を沖縄が抱えている」「数年以内に擁護できなくなる」と課題を認識していた。

さらに国際情勢が大きく変化した時期でもあった。ニクソン米大統領が72年2月に中国、そして5月にはソ連を訪問。9月の日中国交正常化のほか、ベトナム戦争が収束に向かうなど、東アジアの安全保障環境は改善していった。

日米は日本本土の米軍基地の整理縮小に着手した。73年1月に関東平野の空軍基地を横田基地に統合し、6つの施設、区域を返還、代替施設の費用を日本側が負担する「関東計画」に合意し、作業を進めていた。

沖縄の負担軽減についても、日米安保条約運用協議会を設置し、話し合っていた。その過程で、日本の外務省と防衛庁は朝鮮半島や東南アジアの侵略の可能性は残ることから、在沖米軍基地の縮小に慎重な意見を強めていった。

協議会で久保卓也防衛局長（当時）は「アジアにおける機動戦力の必要性を踏まえると、米国の海兵隊は維持されるべきだ」と主張。最終的に沖縄の38施設の返還で合意したが、無条件返還は7施設と小規模にとどまり、18施設は県内移設を条件とした。

70年代の数年間で米軍基地が約3分の1に縮小した本土に比べ、在沖米軍は重要性を増し、海兵隊撤退どころか、機能が維持、強化され、基地の固定化を招く結果となった。

誤解だらけの沖縄基地

■38■

米軍人にも再三の撤退論

——狭さ、住民の反対を理由に

沖縄と日本本土から海兵隊が撤退する時が来た——。

米海兵隊の機関誌「マリン・コー・ガゼット」に海兵隊少佐の論文「沖縄からの撤退」が載ったのは、１９７６年のことだった。

論文は、ベトナムから引き揚げた米軍は欧州や北大西洋条約機構（ＮＡＴＯ）に注意を向けるようになり、危機管理計画を見直したと指摘した。

沖縄と日本本土の海兵隊は、駐留期間の長さや駐留費、即応能力の維持の面で問題があるとして、「沖縄と日本本土からすべての海兵隊を撤退し、メキシコ湾岸の既存基地に移転する」ことを提案した。

その上で、第３海兵師団の移転先としてフロリダ州のエグリン空軍基地を想定して、「近接航空支援を含むあらゆる種類の実弾射撃訓練をする十分な広さがある。即応能力への好影響を考えてほ

県道１０４号越え実弾砲撃演習には１５５ミリりゅう弾砲も使われた。1984年9月19日

しい」と強調した。

こうした沖縄撤退論は、訓練区域の狭さや実弾演習への住民の反対などを理由に、海兵隊内部からも繰り返し語られてきた。

「マリン・コー・ガゼット」誌の94年8月号で海兵隊大尉は、沖縄の演習場は狭く、大型輸送ヘリが装甲車や大砲をつり下げた移動訓練ができないことや、実弾演習への住民の反発などを挙げ、「海兵隊を沖縄に引き留めるのは、太平洋戦争勝利のセンチメンタリズムでしかない」と批判した。

96年12月号では二等軍曹が、「沖縄に配備された海兵遠征部隊の欠点は、この島に適切な訓練区域がないことだ。沖縄では訓練区域の使用が非常に制限されている」と指摘した。

日米合同委員会は96年8月、県道１０４号越え実弾砲撃演習を北海道や静岡県、大分県など5カ所に分散移転することを承認した。

演習では米軍キャンプ・ハンセンの訓練区域の規模を上回る射程30キロの155ミリりゅう弾砲が使われ、県や住民が演習の中止を再三要求していた。

「沖縄の基地は軍事訓練をするには狭く、制約が多い」――訓練移転は、こうした海兵隊の声を反映したものであり、海兵隊にとっては訓練区域が確保されれば沖縄にこだわらないことへの裏付けともいえる。

「沖縄からの撤退」が掲載された同じ誌面に、海兵隊中佐が寄せた論文が載った。中佐は、在沖海兵隊の再配置の必要性を説きつつ、「日本国内には、米軍に撤退してほしくないという声もある」と指摘する。

そして、日本の姿勢に苦言を呈した。

「日本は、米国の外交政策に左右されず、自立した外交政策をとるべきだ。そのことが日米両国の結びつきをより強固にする」

地理的優位性を否定

——元防衛相は「政治的理由」と発言

「軍事的には沖縄でなくても良いが、政治的に考えると、最適の地域だ」

２０１２年12月25日。自公政権への交代に伴い、離任を２日後に控えていた森本敏防衛相は、記者会見で興味深い見解を示した。

記者の質問は「普天間飛行場の辺野古移設は、地政学的に沖縄に必要だからか、それとも本土や国外に受け入れるところがないからなのか」

森本氏の答えは「正解は後者だ」という意味であり、政府が繰り返し説明してきた在沖米海兵隊の抑止力や地理的優位性を事実上、否定する内容だったのだ。

防衛省内では「退任間近ということもあり、森本氏の本音が出た」（幹部）という見方が広がった。

海兵隊が必ずしも沖縄に駐留する必要はない、という趣旨の発言は、日米の軍事専門家、政治家などから繰り返し語られている。

自民党政権下でも、防衛閣僚が〝本音〟を漏らしたことがある。

「歴史的にあそこ（沖縄）にいるからだ」——２００５年３月18日、大野功統防衛庁長官は民放テレビの番組に出演し、在沖米海兵隊が沖縄に駐留する理由を、こう説明した。

長年、駐留している部隊を本土や国外に動かす行為が難しいから、沖縄に居続けてもらう——。軍事的合理性では説明できない、本質的な理由を述べたわけだ。

在沖海兵隊の抑止力について語る森本敏元防衛相。2015年6月17日、東京・千代田区の日本記者クラブ

加えて「どこに置いてもいいじゃないか、という議論は当然出てくると思う」とも述べた。

日本政府が名護市辺野古の新基地建設で〝原点〟と位置付ける、１９９６年の「橋本—モンデール合意」。普天間飛行場の返還を電撃発表した当時、米国防長官だったウィリアム・ペリー氏は、沖縄タイムスのインタビューに応じて、こう述べた。

「米軍は……日本が必要としないのなら立ち去る。日本政府が望めば、米政府は交渉に応じるだろう」

日米で海兵隊の県外移転に柔軟な姿勢を示すのは、概して政治家だ。

それが実現できないのは、なぜか。

日本側の外務・防衛官僚から「海兵隊不要論」が聞こえてこないことに、ポイントがある。政治家の発言を官僚がなだめ、沖縄駐留の継続を主導しているのが問題の構図だ。

防衛省幹部は、「海兵隊を県外に移転する議論を始めたら、莫大な政治的エネルギーを要する。できもしないイシュー(争点)のために、われわれ本来の任務が棚上げされてしまう。極めて不毛だ」と語る。

誤解だらけの沖縄基地

■40■

本土の反対で移転は頓挫
——不平等、不条理のダブルスタンダード

「日本政府は米軍の部隊と基地を（沖縄に）残したい。なぜなら本土に代わりの場所を見つけられないからだ」

在沖米海兵隊が２０１４年以前に新任兵士対象の研修で使っていた教材に、こんな記述が含まれている。

これまで日本政府は沖縄に対し、「地理的優位性」や「抑止力」といった軍事的な観点から沖縄駐留を意義付けてきたが、海兵隊側は「代替地を見つけられない」という政治的な理由と分析していたのだ。

日米安保条約では、日本側に基地を提供する義務がある。米軍側も「在日米軍の配置は日本政府の先決事項」との認識をたびたび示している。ただ海兵隊の教材が示すように、日本政府は県外移

キャンプ・シュワブから揚陸艦に向かう海兵隊の水陸両用車。戦場につながる訓練が沖縄の日常に溶け込む。2012 年 11 月、名護市辺野古

転の機会を得ながら、本土の反対で頓挫する経験を繰り返している。

1996年には政府系シンクタンク総合研究開発機構（ＮＩＲＡ）の委託を受けた研究所が、在沖海兵隊の大半の機能を北海道の苫小牧東部に移すことを報告書に盛り込んだ。

広大な土地を確保した上で、近くに港湾、空港（千歳）、自衛隊演習場があることから、空地一体で運用でき、機能は損なわれないと結論づけていた。

報告書の内容が報道で明らかになると、政府は火消しに躍起になった。地元の国会議員が猛反発したからだ。当時の政府幹部は「政治的コストが高すぎる」と漏らしていた。

2012年には、米側が在沖海兵隊のうち1500人の山口県・岩国基地への移転を日

本側に打診した。すでに神奈川県・厚木基地からの空母艦載機移駐が計画されていたため、山口県知事や岩国市長が反対を表明すると、日本政府は「地元説得は無理」と難色を示し、実現しなかった。14年7月、政府は沖縄県知事選を前に、普天間飛行場に配備されたオスプレイの佐賀空港への暫定移転を佐賀県などに打診したが、地元の反対を受け、1年後に白紙に戻した。

一方の沖縄では、全市町村長や県議が配備反対の建白書を政府に出してもオスプレイが頭上を飛び、知事選や名護市長選で民意を突きつけても辺野古新基地建設が進む。翁長雄志知事が「他の地域では知事や市長が反対を訴えれば引き下がる。沖縄との違いは何か」と不満をぶつけるように、不平等、不条理、二重基準に対する怒りは根強い。

「海兵隊が沖縄に移転したのは、本土の反基地感情が要因の一つ」「米側が撤退を検討しても、日本が引き留めた」「基地の集中で重要性を増したが、もともと沖縄にいなければならない根拠は乏しい」……。

海兵隊の沖縄駐留には、歴史的にも機能的にも多くの疑問が投げ掛けられてきた。さらに元海兵隊員による暴行殺人事件をきっかけに、「海兵隊撤退」を求める声は高まっている。

米軍普天間飛行場近くの民家上空を飛行するＰ３Ｃ対潜哨戒機

Ⅶ章　日米地位協定をめぐる誤解

日米地位協定は「平等」か❶

——日本、米軍の訓練を制限できず

「日米地位協定は、他国と比較すると恵まれている」——外務官僚は、しばしばこんな言葉を耳にする。

裁判権、基地内への立ち入り権、環境保護、基地の管理権……。日米地位協定の不備と不平等性を指摘する声は強い。沖縄では歴代知事が改定を求め続けている。

だが、日米両政府は拒み、「運用改善」でやりすごしてきた。背景には、日本側に不平等性に対する認識が希薄なこともある。

２００９年から10年にかけて、外務省や首相官邸の官僚の一部は、ひそかにこんな言葉を交わしていた。

「『日―ジブチ』に比べたら『日―米』は、よっぽど平等だよね」

日本は09年、海賊対策でソマリア沖に自衛隊を派遣するのに伴い、アフリカのジブチ共和国と地

未明に轟音をまき散らし、離陸するＦ 15 戦闘機。2008 年 10 月 4 日、米軍嘉手納基地

位協定（交換公文）を結んだ。

自衛隊員が現地で犯した罪の裁判権を、日本政府が「すべての要員について行使する」とするなど、日本側に極めて有利な内容だ。

国力ではるかに差がある小国と比較してまで、日米地位協定の問題点を矮小化しようとする〝文化〟が、政府内にある。専門家はどう見ているのだろうか。

05年にイタリアで米軍基地を取材したジャーナリストの屋良朝博氏は、日本との運用の違いに、がくぜんとした。

「現地で『リポーゾ』と呼ばれる昼寝の時間に、米軍機が一切、飛んでいない。飛行ルートも高度も離着陸回数も、イタリア空軍が同意しなければ決められない」――在伊米軍基地の管理権を、イタリア側が持っているからだ。

一方、日米地位協定3条で基地の管理権を握る在沖米軍は、日米が決めた早朝・夜間の飛行禁止も「運用上の必要」と言えば守らなくていい。住民は早朝から深夜まで、騒音に悩まされることになる。

「地位協定の不平等性の核心は管理権だと痛感した」と、屋良氏は強調する。

1998年にイタリア北部のスキー場で、米軍機によるゴンドラケーブル切断事故があり、落下した市民20人が死亡した。操縦士の超低空訓練が原因だった。

イタリア政府は米軍の低空飛行訓練の割合を25%までと制限し、最低高度を2倍に引き上げ、イタリア側の安全講習を受けなければ米軍操縦士の飛行を許可しないと要求し、実現した。

一方、日本では、米軍の訓練内容を制限する仕組みが存在しない。

屋良氏は、「当時のイタリア国防相は事故の1週間後、事故があった訓練空域の廃止を決定した。飛行高度の引き上げで、住民が低空飛行に悩まされることもなくなった。それなのに、2004年に米軍ヘリ墜落事故があった沖縄国際大学の周辺では、何事もなかったかのようにオスプレイが低空飛行している」と疑問を呈す。

「日本もイタリアも同じ第2次大戦の敗戦国だ。それなのにこの違いは何か」と指摘し、「日伊で最も違うのは主権意識だ。基地の管理権とは主権そのもの。日本が主権を主張せねば、不平等な状況は変わらない」と続けた。

誤解だらけの沖縄基地

■42■

日米地位協定は「平等」か❷

――動かぬ政府、改定には至らず

「日米地位協定が諸悪の根源という感じさえする」――2012年10月、沖縄県内で米兵2人が集団強姦致傷で逮捕された事件を受け、当時の仲井真弘多知事は、憤りを隠さなかった。米テキサス州の海軍基地に所属する2人は、沖縄に立ち寄った後、グアムへ向かう前日に事件を起こした。逮捕が数時間遅れていれば、2人は出国し、事件解決は遠のいた可能性がある。

沖縄では過去にも被害者が泣き寝入りせざるを得なかったり、容疑者が基地内に逃げ込むことで真相解明に制約を受けたりする事件が相次いできた。仲井真氏は米軍関係者に特権を与えている地位協定が、事件・事故を引き起こす要因ではないか、との見解を示した。

そして「運用改善だけでは無理だ」と、改定に取り組むよう日本政府に厳しく注文を付けた。

沖縄県はあらゆる機会を通じて、地位協定の抜本的な見直しを求めてきたが、締結から56年間、一度も改定されていない。

毎年のように日米地位協定の抜本的な見直しを日本政府に要請する県軍用地転用促進・基地問題協議会の翁長雄志会長（中央）ら。2015年2月5日、防衛省

在日米軍基地を抱える14都道県の知事でつくる渉外知事会、日本労働組合総連合会（連合）、日本弁護士連合会などが独自の改定案を作成するなど機運の醸成を図ったが、実現には至っていない。

外務省は「他国の地位協定と比べ、不平等とは思えない。見直しすれば他国でも改定要求が出てくる」と説明する。多くの国と同様の協定を結ぶ米側の事情にも配慮し、条文を書き換えたり、付け加えたりするのではなく、今のままで運用を改善することが合理的な対応という考えだ。

しかし、同じ敗戦国のドイツでは3度、北朝鮮と休戦状態の韓国では2度、地位協定改定を重ねている。

例えば、ドイツのボン補足協定は1993年の改定で、提供施設や区域の内部でも原則国内法が適用されるようになった。施設や区域外で訓練する場合にはドイツ当局の同意が必要と定めている。

韓米地位協定は２００１年の改定で、殺人や強姦など12種の犯罪で、米軍容疑者の身柄引き渡し時期を「裁判が終結した時点」から「起訴の時点」に早めた。また、環境条項も新設した。特に00年2月に米兵が首都ソウルで韓国人女性を殺害する事件が発生し、国民の反米感情が噴出したことが改定につながったという見方が広まっている。

各国で歴史的な経緯や同盟の目的に違いがあり、日米地位協定の内容と単純に比べることはできないが、いずれにしてもドイツ、韓国の国民、政府が問題意識を持って、主権回復に取り組んだ成果と言える。

一方で、日本はどうだろうか。航空機騒音の被害は神奈川や鳥取でも顕著で、大分や北海道でも実弾射撃訓練が実施されるなど、沖縄以外でも米軍の影響を受けている。しかし、日米地位協定や米軍の運用実態が全国的な「問題」という認識は低い。

日米地位協定に詳しい沖縄国際大学の前泊博盛教授は、「在日米軍専用施設面積の74％が集中する沖縄だけの問題に矮小化されている」と指摘し、国民的な議論に結びつかない現状に歯がゆさを感じているという。「国民のバックアップを受けて取り組むべきだが、米軍絡みの事件や事故、騒音被害なども、全国紙が大きく報じないと事実上『なかったこと』にされ、永田町や霞ケ関は動かない。国民全体の問題として考えなければ、地位協定改定の実現に向かうことはない」

誤解だらけの沖縄基地

■43■

日米地位協定は「平等」か❸

――身柄の引き渡しは米側に裁量

日米地位協定をめぐる問題で筆頭に挙げられるのは、事件を起こした米軍人・軍属の日本側への起訴前の身柄引き渡しをめぐる刑事裁判権だ。

沖縄県警のデータによると、１９７２年の本土復帰から２０１４年までに発生した米軍人・軍属とその家族による刑法犯罪の検挙件数は、５８６２件となっている。

そのうち殺人、強姦、強盗、放火の「凶悪事件」は５７１件にも上る。

日米地位協定17条は第1次裁判権について、米軍人・軍属の公務中に起こした犯罪は米国にあり、公務外の場合は日本にあると定めている。だが、公務外の場合でも、米側が先に身柄を確保した場合、起訴するまで日本側に引き渡されず、主権国家であるはずの日本側が捜査の主導権を持てないとの問題が指摘される。

沖縄では、保守・革新の政治立場を問わず日米地位協定には裁判権の点で問題があるとの共通認識があり、本土で米軍基地を抱える地域も同様の考えだ。

２００８年３月、仲井真弘多知事は米軍基地を抱える14都道県の知事でつくる渉外知事会の会長を務める松沢成文神奈川県知事と、協定の抜本的な見直しを政府に要請した。

しかし、高村《こうむら》正彦外相は裁判権の見直しについて、こう言い切った。

「裁判権は外国との協定と比べると最も進んでいる。この件を理由に改定は極めて難しい」

高村氏や官僚の「日米の協定は他国よりも進んでいる」という考えの背景には、ドイツに駐留する米軍の地位協定であるボン補足協定では、身柄引き渡しが原則として判決が執行された時であることなどがある。

さらに政府側の考えの根拠となるのは「運用改善」だ。

１９９５年に本島北部で米兵３人による暴行事件が起きた際、県警は逮捕のため容疑者の身柄引き渡しを米側に求めたが米側は17条を理由に拒否し、県民が強く反発した。

これを受けた日米両政府は「殺人と強姦」については起訴前の身柄引き渡しに「好意的考慮を払う」という協定の運用改善を合意した。

２００４年には配慮の対象を、「日本政府が重大な関心を持ついかなる犯罪も排除されない」とし、殺人と強姦以外の犯罪も適用することを口頭で確認した。

ただし、好意的配慮はあくまで米側に裁量がある。

１９９６年から約10年間にわたって活動してきた「米軍人・軍属による事件被害者の会」で事務局を務めてきた村上有慶氏は、「米側の配慮にはほとんど期待できず、運用改善では沖縄が抱える問題は解決に向け一歩も前進しない」と語る。

外務省の資料によると、実際にこれまで米軍が日本側の起訴前に身柄の引き渡しに応じたのは沖縄の2件を含めて全国で5件にとどまる。２００2年に北谷町で起きた暴行未遂事件では日本側の要求を米側が拒否した。

村上氏は「日米地位協定のどこが平等なのか――。日本に主権があるかすら疑問だ」と重ねて指摘する。

誤解だらけの沖縄基地

■44■

日米地位協定は「平等」か❹

――軍優先、騒音の規制は形骸化

「『米軍へ周知する』という環境保全措置の効果の不確実性は大きい」

仲井真弘多前知事が名護市辺野古の新基地建設に伴う埋め立てを承認する直前の２０１３年11月29日、沖縄県環境生活部は新基地完成後の問題として、米軍には国内法が適用されず、基地内では米軍が排他的管理権を持つことから、「日本側が関与できない現状では適切な環境保全ができない」ことを明確に示した。

辺野古の飛行場が完成した場合、航空機騒音など、県側が示す懸念に関し、沖縄防衛局は環境影響評価の手続きで「米軍に周知する」と対策を説明していた。つまり、「できるだけ騒音を軽減するなど、県側の懸念を払しょくするよう努力してほしい」と米軍に求めるだけに過ぎない。

これに対し、基地被害を受け続け、住民生活より米軍の運用を優先する実態を歴史的に見せつけられてきた県側が、「米軍任せでは不確実」と強く反論した格好だ。

夜間訓練から帰還し、無灯火で着陸するオスプレイ。2013年9月16日、普天間飛行場

背景にあるのは、日米地位協定だ。3条で米軍の排他的管理権を認め、16条で国内法の適用を実質的に免除している。

その不平等な状態を改善する一つとして、日米で合意したのが1996年の航空機騒音規制措置だ。嘉手納、普天間の両飛行場を対象に周辺の騒音被害を防ぐための規制措置を盛り込んでいる。

具体的には「学校や病院、住宅密集地の上空を避ける」「午後10時～午前6時の飛行は必要な場合を除き制限する」「日曜日や慰霊の日など特別に意義のある日の飛行を最小限にとどめる」といった内容だ。

しかし、実際は夜間・早朝や住宅地上空の飛行は常態化している。県が2015年3月に高校入試期間の飛行自粛を米軍に求めた際も、飛行と騒音が確認された。

県の測定によると2014年度の航空機騒音は、嘉手納周辺の北谷町砂辺で日平均64回と最多で、平均70デシベルと環境基準（62デシベル）を大幅に超えた。午後10時～午前6時の騒音は月平均で嘉手納町屋良B117回、同町屋良A105回、同町嘉手納99回の発生となっている。

普天間や米軍北部訓練場、キャンプ・ハンセン、伊江島補助飛行場の周辺でも夜間飛行は頻繁に確認される。

住民らが損害賠償と飛行差し止めを求めた爆音訴訟で、裁判所が「騒音規制措置は形骸化している」と指摘したことがある。ただ、この種の裁判では「賠償は認めるが、差し止めは棄却」という判決が続く。

被害は認めるが、米軍は国内法の及ばない「第三者」なので、日本政府に飛行差し止めの権限はないという「第三者行為論」を持ち出し、日米地位協定の下での司法の限界を示している。

地位協定問題に取り組む新垣勉弁護士は、「国内法が適用できるよう改定しなければ抜本的な解決はできない」と強調する。米軍は自国では法を守って活動しても、支障はない。なぜ日本では平時でさえ自由に活動する権利を持つのか。

新垣弁護士は、さらに強調した。

「日本政府が、対等な主権国家として基本的な要求すらしていないのが原因だ。司法や行政の権限が制約を受ける状態で、日本が独立した主権国家と言えるのだろうか」

誤解だらけの沖縄基地

■45■

日米地位協定は「平等」か❺

――環境調査は米軍の裁量次第

「今まで交渉すらできない状況で、実は交渉に入れただけでも画期的。まさか簡単にいくとは誰も思っていなくて。手前みそですが、かなりの成果だと思うんですね」――２０１４年10月21日夕、東京・霞が関の外務省会議室で、沖縄から足を運んだ沖縄県の幹部を前に、外務省担当者が熱弁を振るった。

日米両政府が環境補足協定の締結に実質合意したことを発表した翌日だ。協定レベルで取り決めを追加するのは、１９６０年の日米地位協定の発効から初めてのことだ。運用改善で不十分な部分を継ぎ足してきた地位協定の「大きな転換点」（外務省幹部）とも言われた。

不安げに質問を重ねる県幹部に、外務省担当者は、補足協定の実効性を疑う見方で合意発表を報じた地元紙を引き合いに出しながら、「木を見て森を見ていない。協定レベルで原則を打ち立てられた。このことに意義がある」と、たたみかけた。

掘り起こしたドラム缶のサンプリングを採取する作業員。2015 年 2 月 18 日、沖縄市サッカー場

汚染事故や基地返還前の環境調査で、地元自治体に基地内立ち入り調査権を認めた補足協定は、この約1年後の15年9月29日に正式締結した。菅義偉官房長官は「歴史的意義」を強調した。だが実際は、沖縄県側が求めていた要望10項目で、十分反映されたものは一つもない。

たとえば2013年、キャンプ・ハンセン内の米軍HH60救難ヘリ墜落事故は、飲料用ダム近くにもかかわらず約7カ月間、米軍の許可が下りず現場調査に入れなかった。

地続きで起きる汚染事故の実態がつかめない「数え切れない」（県幹部）苦い経験から、県はいつ何の調査なら許可するのか、判断基準の明確化を強く求めた。

だが結局、協定ができても基準は曖昧なまだ。県などが協定に基づく調査を申請できる前提に、「米側から通報があった場合」「米軍の運用を妨げない限り」の条件も付けられ、その「通報」基準も1997年の日米合意で、「実質的な汚染が生ずる相当な蓋然性」がある場合などと、実質的に米軍裁量に委ねられた。

締結から半年――。嘉手納基地周辺の河川や浄水場で、残留性有機汚染物質のフッ素化合物ピーホスが高い濃度で検出された問題に、米軍牧港補給地区で1970年代から相次いだ環境汚染の浄化対策が講じられたか米軍記録が残っていない問題が、次々と明らかになった。2事案とも、県が調査意向を示したが「米軍の通報」がないがゆえに、協定の適用はできていない。早くも「ハードルの高さ」（県幹部）が露呈した格好だ。

沖縄・生物多様性市民ネットワークの河村雅美共同代表（現インフォームド・パブリック・プロジェクト代表）は、「補足協定の文言に、曖昧《あいまい》で米軍が逃げられる部分を多く残した点に問題がある。日本政府の交渉力のなさが露呈した」と指摘する。

「沖縄が直面してきた問題を、日本政府が日米のテーブルに上げて解決しようとしたものには見えない。そもそも環境面の協定が必要だった理由は、環境や公共の安全を守るため。協定レベルの原則ができても、本来の目的を守れず、一つひとつの事例で実がとれないなら意味はない」と、切り捨てた。

〝何か〟が起きていると分かっていても、米軍の許しなしには立ち入ることさえままならないフェンスの向こう側。返還されて、初めて深刻な環境汚染が明るみに出る基地跡地は少なくない。

誤解だらけの沖縄基地

■46■

日米地位協定は運用改善で十分か？

——「特権」の本質には触れず限界

沖縄県内で２０１６年４月に起きた元米海兵隊員で軍属の男による暴行殺人事件を受け、再発防止策を協議してきた日米両政府は７月５日、日米地位協定の適用対象となる「軍属」の範囲を明確化する方向性を確認した。外務省飯倉公館で岸田文雄外相、中谷元・防衛相、ケネディ駐日米大使、ドーラン在日米軍司令官が出席し、発表する力の入れようだった。

中谷氏は「管理や指示が末端まで行き渡るようにするのが狙い。軍属の地位を有さないと判断された人には特権がなくなり、日本の裁判、刑事手続きが完全に実施される」と述べ、米軍関係者に対する「特権」が、事件・事故の背景にあることを認めた。

一方、沖縄県内から「トカゲのしっぽ切りで、凶悪犯罪を防げるわけがない」「軍属以外には〝特権〟が続くわけで、基地の集中する沖縄で地位協定のしわ寄せも続く」と批判が相次いだ。

オスプレイ墜落事故の翌日に現場を訪れたが、米軍の規制線が張られ、機体に近づけなかった稲嶺進名護市長。2016 年 12 月 14 日午後 0 時半ごろ、名護市安部

日米地位協定では、公務中の事件・事故の第1次裁判権は米側にあることや、公務外であっても容疑者の身柄を米側が先に確保すれば、原則として起訴するまで米側が身柄を受け持ち、日本側に引き渡されないなど「特権」が存在する。

今回の発表内容では、基地内の民間企業で働く従業員さえにも地位協定を適用してきた、これまでのあいまいな線引きを見直したにすぎない。

県幹部は、問題の本質である「特権」に切り込まず、お茶を濁すような対応を、こう嘆いた。

「地位協定の抜本的な改定を議論の俎上にも載せず、政府も一生懸命にやってますよ、という国民向けのパフォーマンスだ」

２０１５年９月に結ばれた環境補足協定にも新たな支障が出ている。これまで現地司令官の裁量で認められてきた米軍普天間飛行場やキャンプ瑞慶覧での文化財調査を、米軍が新協定を理由に不許可としたのだ。

新協定では環境調査や文化財調査などで立ち入る際、「返還７カ月前」を基準と定めた。返還時期が決まっていない場合などでは、年４回の日米合同委員会環境部会で立ち入りに合意しなければならない。司令官の裁量で認められてきたものが、厳密に立ち入り基準を定めたことにより、新たな制約になるという皮肉な結果を生んだ。

日米両政府が「実質的な地位協定改定」と胸を張った新協定だが、思惑とは逆行するように足かせとなっている。

政府関係者は、「米側にも他国で働く自国の軍人、軍属を守らなければならない国内事情がある。地位協定に触れるには厚い。外交の中でも最も難しい作業だ。軍属の範囲の見直しで、沖縄の負担が抜本的に軽減されるとか、これにより沖縄県民が納得するとは毛頭考えていない。詳しい内容を知らない沖縄以外の国民に向けたパフォーマンスと言われれば、それは否定できない」と、〝運用改善〟の限界を示唆している。

沖縄国際大学に隣接する米軍普天間飛行場に着陸するオスプレイ。グラウンドではサッカーの試合が行われていた

◆――あとがき

■誤解、偏見、デマを生むストーリーありきの世論操縦

「普天間飛行場は何もない田んぼの中にあった。基地の周りに行けば商売になると、みんな住みだした」「基地地主はみんな年収何千万円で、六本木ヒルズに住んでいる」――2015年6月、ベストセラー作家の百田尚樹氏が自民党若手議員の勉強会で、こんな自説を述べた。

「沖縄の2紙（沖縄タイムス、琉球新報）はつぶさなければ」とも語った。

報道への圧力に加え、沖縄県民を侮辱し、おとしめる発言だととらえ、沖縄タイムスは百田氏発言を検証し、反論するキャンペーンに着手した。

百田氏の認識は氷山の一角であり、沖縄に住む人間として「なんでこのようなデマが拡散するのか」と首をかしげざるを得ない誤解や偏見が、インターネットを中心にまん延している。こうした不正確な情報を一つひとつ検証し、まとめたのが本書だ。

「反対運動をしている連中は日当をもらっている」といううわさを、読者の皆さんも一度は目に、耳にしたことがあるのではないだろうか。

沖縄タイムスは名護市辺野古の新基地建設反対運動を支援している団体で、十円単位の細かい金

額まで記入された帳簿を確認し、うわさがデマであることを確認した。辺野古に集まってくる市民も、現金はおろか昼食の支給さえ受けておらず、交通費も弁当代も自費で支払っている。それでも現場に通い続ける人たちがいる、という事実こそ報じられるべきだろう。

「沖縄2紙は中国からカネをもらっている」とも言われるが、沖縄タイムスでも琉球新報でも、中国から資金提供を受けている人がいると聞いたことは一度もない。

基地とカネを安易に結びつけ、「実はカネほしさに基地の存続を願う人が大多数だが、沖縄のメディアが黙殺している」とのストーリーをつくる手法が、インターネットでは定着している。しかし、普天間飛行場の地主たちも返還を望み、跡地利用の協議を前向きに進めているのが実態だ。

問題はインターネットだけではない。沖縄に海兵隊基地を残すことに執念を燃やす日本政府も、ストーリーありきの〝世論操縦〟に余念がない。

海兵隊（名護市辺野古の新基地も海兵隊基地だ）が沖縄に必要、という言説が政府から発信され、多くの国民が信じ込んでいるが、日米両政府から何度も海兵隊不要論が発信されていることは公文書で明らかになっており、そのたび本土へ移転した場合の反発を恐れる外務省、防衛省が突っぱねていることも、浸透していない。

オスプレイの沖縄配備も、開発段階で死亡事故が頻発したことから、沖縄で10万人規模の県民大会が開かれ、集まった県民は配備反対を決議した。しかし日米両政府は安全性を強調して２０１２

年に配備を強行した。その結果、わずか４年後の16年12月、名護市安部《あぶ》の集落からわずか８００メートルの海岸にオスプレイが墜落、大破した。「安全神話」はあっけなく崩壊し、沖縄県民は政府が発信する情報に不信感を募らせている。

オスプレイや、それを運用する海兵隊を本土に移転する議論が全国的に高まらない理由の一つに、基地受け入れへの根強い拒否感が本土側にあると感じている。

沖縄で良く知られている「ＮＩＭＢＹ」という言葉がある。「ノット・イン・マイ・バック・ヤード」（自分の家の裏庭に来るのはやめてくれ）の頭文字をつなげた造語だ。全国の在日米軍専用施設の70％が集中する沖縄の加重負担には理解を示す。しかし、いざ自分の住む地元に海兵隊が来るとなれば反対するという心情が本土側にあるのではないか、という文脈で使われる。

政府もそれが分かっている。私が２００５～07年に東京支社で防衛省を担当しているとき、幹部はよくこんな説明をした。

「普天間飛行場の沖縄県外への移設は移設先の説得に手間がかかる上に、政権の支持率を下げるリスクになるのが明らかだ。いま基地を背負っている沖縄に我慢をしてもらうしかない」

難しいことを承知の上で県外移設を日米政府で協議し直し、さらに移設先の説得をどう取り付けるかを検討することは「極めて大きな政治的コスト」であり、そんな労力はかけられないということだ。

しかし、日米安全保障条約に基づく日米同盟の重要性を感じる人たちにこそ、考えてほしい。日本防衛に米軍基地の存在が不可欠であれば、基地を安定的に運用する必要がある。そのために最も重要な要素は、基地を置いている地域の社会的安定性だ。

常に基地反対論がくすぶり、ひとたび事件・事故が起きれば撤去運動が噴出する状況では、基地の安定的運用がままならず、同盟が不安定化する。今の沖縄がまさにそんな状況なのだ。

政府が主張する「辺野古移設が唯一の解決策」という方針も、広い意味では「誤解」であり、普天間飛行場の機能を沖縄に置かずに解決する方法は識者からも提案されている。

政府の方針を一から十まで信じ込むと、沖縄で起きている反対運動の意味が理解できず、「カネ目当て」の一言で片付けてしまう。「中国が尖閣を乗っ取ろうとしているから、最新鋭のオスプレイが沖縄に常駐していないといけない」という結論に至ってしまう。

本書が、そんな誤解を払拭する一助になればと願う。

2017年2月

「誤解だらけの沖縄基地」取材班を代表して

吉田　央

誤解だらけの沖縄基地　取材班

吉田　央（よしだ・なか）
福元大輔（ふくもと・だいすけ）
銘苅一哲（めかる・いってつ）
榮門琴音（えいもん・ことね）
大城志織（おおしろ・しおり）
安田桂子（やすだ・けいこ）
阿部　岳（あべ・たかし）
大野亨恭（おおの・あきのり）
比屋根麻里乃（ひやね・まりの）
篠原知恵（しのはら・ちえ）
新崎哲史（あらさき・てつし）
大城大輔（おおしろ・だいすけ）

米軍普天間飛行場に駐機するオスプレイ

沖縄タイムス【沖縄タイムス社】

沖縄県で発行されている日刊紙。戦時中の唯一の新聞「沖縄新報」の編集同人を中心に 1948 年 7 月 1 日、那覇市で創刊。

「鉄の暴風」と表現された熾烈な沖縄戦など戦争への反省に立ち、県民と共に平和希求の沖縄再建を目指したのが出発点になった。27 年間に及んだ米軍統治下では自治権の拡大や復帰運動で、一貫して住民の立場で主張を展開し、1972 年の復帰後も居座った米軍基地問題に真っ正面から取り組んできた。国内の米軍専用施設の大半を占める過重負担や、基地があるがゆえに起きる事件・事故、騒音被害などの住環境破壊、日米地位協定の問題点などを追及し、解決に向けた論陣を張っている。

これってホント!?
誤解だらけの沖縄基地

●二〇一七年 三月二五日――第一刷発行
●二〇一九年 五月一五日――第五刷発行

編著者／沖縄タイムス社編集局
発行所／株式会社 高文研
東京都千代田区神田猿楽町二―一―八
三恵ビル（〒一〇一―〇〇六四）
電話 03＝3295＝3415
振替 00160＝6＝18956
http://www.koubunken.co.jp
印刷・製本／シナノ印刷株式会社
★万一、乱丁・落丁があったときは、送料当方負担でお取り替えいたします。

ISBN978-4-87498-612-7 C0036